游　酢

（1053—1123）

“福建历史文化名人丛书”编委会

福建历史文化名人丛书

福建省社会科学界联合会 编

游酢

道学南传先驱

游友川 编著

海峡出版发行集团 THE STRAITS PUBLISHING & DISTRIBUTING GROUP | 福建人民出版社 FUJIAN PEOPLE'S PUBLISHING HOUSE

图书在版编目（CIP）数据

游酢：道学南传先驱 / 游友川编著.--福州：福建人民出版社，2017.9（2020.11重印）

（福建历史文化名人丛书）

ISBN 978-7-211-07797-7

Ⅰ. ①游… Ⅱ. ①游… Ⅲ. ①游酢（1053—1123）—生平事迹 Ⅳ. ①B244.6

中国版本图书馆CIP数据核字（2017）第227566号

游酢

YOUZUO

——道学南传先驱

作　　者：游友川

责任编辑：何水儿

出版发行：福建人民出版社　　**电　　话**：0591-87533169(发行部)

网　　址：http://www.fjpph.com　　**电子邮箱**：fjpph7211@126.com

地　　址：福州市东水路76号　　**邮　　编**：350001

经　　销：福建新华发行（集团）有限责任公司

印　　刷：福建省金盾彩色印刷有限公司

地　　址：福州市金山浦上工业区D区24幢

开　　本：700毫米×1000毫米　1/16

印　　张：6

字　　数：63千字

版　　次：2017年9月第1版　　2020年11月第2次印刷

书　　号：ISBN 978-7-211-07797-7

定　　价：25.00元

总 序

李 红

社会科学承载着“认识世界、传承文明、创新理论、咨政育人、服务社会”的重要功能，是人类赖以传承的精神支柱。近年来，福建省各级各部门认真贯彻《福建省社会科学普及条例》，社会科学普及工作扎实开展、稳步推进，通过举办全省社科普及宣传周、建立社科普及基地、开办社科普及讲坛等社科普及咨询平台载体，其制度化、常态化、大众化工作取得了明显成效。

习近平总书记指出，文化是民族生存和发展的重要力量，中华优秀传统文化已经成为中华民族的基因，植根在中国人内心，潜移默化地影响着中国人的思维方式和行为方式。福建文化是中华文化中极富特色的一部分，深度融入了中国文化的进程，展现出突破陈规、积极进取、兼容并包、锐意创新的胸襟和气魄。向大众传播福建优秀的历史文化知识，是福建省社科普及工作的重要内容。以接福建地气、讲福建故事、塑福建形象、续福建文脉的姿态编辑出版的“福建历史文化名人丛书”，既较为全面地展示了福建文化深厚的历史底蕴和丰富的人文精神，也为福建当下的社会文化建设提供了有益的资鉴。“福建历史文化名人丛书”所包含的朱熹、林则徐、严复、陈嘉庚等人物传记，记录了福建文化之于中国历史的影响，同时也以人物史的叙述方式生动地展现出中国人文精神的风骨和传统文化的传承。

今天，我们提倡和弘扬社会主义核心价值观，必须从中华优秀传统文化中汲取丰富营养，否则就会缺乏生命力和影响力。“福建历史文化名人丛书”记录了福建历史文化人物的价值观践行轨迹，重温了这批福建历史文化乃至中国历史文化史上重要人物的生命历程，以浅显晓畅、通俗易懂的叙述方式讲述了中华优秀传统文化传承的当代意义，开辟了社会科学知识进入千家万户的新路子。

“最忆市桥灯火静，巷南巷北读书声。”一套好的社会科学普及丛书，总是能带动起读书的风气。将学习作为一种追求、爱好和健康的生活方式，也是“福建历史文化名人丛书”所期望实现的目标。在文字中领略福建地域文化魅力，在阅读中传承传统文化养分，在感悟中提升人文道德情操，社会科学普及丛书的出版，可谓正当其时。

（作者系福建省人民政府原副省长，福建省政协原副主席）

目　录

匠公墓園
發揚民族精神遍地合德修宗祖塋同祈赤縣堯天
牌額壯觀全憑一片心

第一章

耕读传家　辛苦遭逢

游酢出生于富垅游氏家族，从小受到族叔的悉心教导。十年寒窗，游酢得以进入太学学习，在这里，他与程颐有了历史性的会面，从而为以后的尊师重道、理学南传揭开了序幕。

富垅游氏

游酢，字定夫（初字子通），由于故乡有座远近闻名的獬豸山，所以世称豸山先生。北宋仁宗皇祐五年（1053年）二月十五日，游酢出生于闽北建阳长坪富垅一个世代耕读的家庭。程门立雪的典故，指的就是宋哲宗元祐八年（1093年），他和杨时一起赴河南洛阳执弟子礼拜见程颐的故事，进而成为中华民族尊师重道美德的经典注解而世代流传。嗣后，源于二程的理学道统，在游酢和杨时的不懈努力下，得以扎根武夷山，奠定了影响深远的闽学基础，经过以朱熹为代表的再传弟子们的不断发扬光大，继而开创了对中华文化影响深远的新儒学体系——朱子理学。在中国哲学史上，习惯把二程理学与朱子理学合称为程朱理学，在程朱理学从发端到渐趋成熟，乃至蔚然大观的进程中，中国历史经历了从北宋到南宋的重大转折，理学道统也经过了前后300多年的传承嬗变。其间，游酢和杨时起到了承上启下、继往开来的重要作用，他们身体力行、尊师重道、师事范俗的高风亮节更是成为中华民族学问传承、薪尽火传的耀眼亮色。

游酢雕像

游酢的父亲游潜是一位满腹经纶的乡间硕儒，游酢幼年时就开始接受严谨的家传私塾培养，接受了当时完整的开蒙和辞章之学教育。

从记事起，游酢由于体弱多病，常常被家中长辈带着去敬香礼佛，潜移默化之中，他对佛教有一种天然的亲近感，但他孤高清奇的风骨却又与道家泯然一体。

游氏起源于春秋时代的郑国，是郑穆公之子公子偃的后裔。由于公子偃字子游，所以他的子孙才“以王父字为氏”而姓了游。春秋时代的郑国，是周宣王的弟弟姬友所传，后世的游氏家族，都是圣君周文王姬姓的后裔。

建阳长坪富垅这个地方，可谓风水宝地。富垅原名虞公墩，本地住户自云都是虞姬（“霸王别姬”女主角）的后人。

游匹公被尊为游氏入闽始祖，到了游酢的父亲游潜这一代已经是第八世了，游潜在兄弟中排行第二，上有长兄游默，下有三弟游勋。游潜兄弟三人都以耕读为业，矢志科举，其中游勋颖悟非常，在仁宗嘉祐八年（1063年）高中进士，在富垅游氏族群中，这算是破天荒的大事。

匹公墓园

游酢最初的启蒙教育是在族叔游复家中的私塾中完成的，从学习《孝经》开始，终日诵读儒家经典，钻研辞章之学。到了弱冠之年又拜江侧（字处中）为授业恩师。老师江侧是一位饱学鸿儒，起初在江坊开设学馆收徒，后来又把江坊石壁山间的木渎寺改造为传道授业解惑的书院。一时间，当地的青年才俊如江汝舟、施景明、叶祖洽和游酢等都在石壁山苦心研读。至今当地还流传着他们在石壁山切磋学问、红叶题诗等佳话。

唐末以后，建阳麻沙已经是世所公认的三大雕版印刷中心之一，以印刷建本而著称于世，被誉为“图书之府”。而处于核心区的江坊与书坊，更是成了全国群英萃集、名士们著书讲学之地。近水楼台先得月，向阳花木易为春。生于斯长于斯的游氏宗族子弟得益于耕读传家的古训，向学风气浓郁，后代子孙都把金榜题名、光宗耀祖作为埋头苦读的终极目标。至今在富垅当地还留下一些广为流传的科举佳话。正由于建阳有如此壮观的科举成就，加上学术昌明，著作如林，所以宋代以后，包括富垅在内的建阳地域就有“七贤过化之乡”的美誉。游酢也感慨于故土的文脉昌盛，后来有事途经同样以科甲佳话闻名的莆田时，就留下了“比屋业儒，号衣冠盛处”的赞语，这与其说是对他乡异地的认可，还不如说是对桑梓故地的由衷赞许。

辛苦遭逢

十年寒窗苦读，游酢初次进京赶考的时候正值王安石新法颁行天下，朝廷上下拥护变法的新党初具规模，开科取士更是以王安石极力倡导的新学为圭臬。

王安石还在给仁宗的《言事书》中说：“方今之急，在于人才而已。”请求仁宗在变法之前，首先必须陶冶一大批能够“改易更革天下之事”的干才出来。所以，王安石执政后，经过两年的准备，实行新的贡举法，整顿了京师及州县学校。

初到汴梁，游酢对这座城市有着不为人知的期许，从小在父辈们的熏陶之下，尤其是受了叔父游勋的悉心培养，从孩童时期开始，游酢和他的宗族兄弟就把光宗耀祖作为寒窗苦读的应有之义。同理，堂哥游醇与好友林志宁、杨时等人的想法也是如此。

科举以进士科为主，考试诗赋，完全着眼于文字形式方面。王安石坚持“贡举法不可不变”，向神宗指出，旧的贡举法是使士困于无补之学，闭门学作诗赋，世事皆所不习，“此乃科法败坏人才”。熙宁四年（1071年）二月，中书省颁布对科举的改革：废除经科，废除考试诗赋和帖经、墨艺。考试时，主要考这些经书的“大义”和殿试策论。

凭着多年寒窗苦读和对人情世故的洞若观火，作为老师的江侧知道必须抓紧时间恶补荆公新学，不然只凭借泛泛而谈的圣贤之书，就冒冒失失地前去赶考，很难取得好成绩。

熙宁五年春天的汴梁，依然重复着以往的辉煌，但是热闹是属于外边的，身处太学里面的读书人却对这座城市有着更加独特而深刻的理解。

两耳不闻窗外事，一心只读圣贤书，走在太学的甬道上，不断有步履仓促的年轻人从程颐的身边经过。望之不怒而威的程颐虽然才年过四十，但已经是一副老夫子的从容形象，许多人都是对其持敬而远之的态度。据史料记载，程颐正是在这个特殊的场合里遇见游酢，并且在初步交谈了解后，就给游酢下了“可以适道”的断语，意思是说游酢已经被这位小程夫子引为同道中人了。虽年仅二十，游酢的聪明颖悟由此可见一斑。

第二章

初试不利　问道扶沟

多年的精心准备，抱着必胜的信心，游酢进入考场，但等待他的却是出人意料的失败。回到故里，游酢继续苦读，令他惊喜的是程颢给他的来信。从此游酢问道扶沟，开启了传道东南的序幕。

初试不利归故里

熙宁六年（1073年）初春，虽然汴河的冰凌才刚刚消退，京城里却早已是暗香浮动、花红柳绿，不期然，正应了“豆蔻枝头二月初”的好景致。

不过，这一切都与贡院街上的紧张气氛无关，从二月初九的子时开始，汴梁城内就有了诸多不同于平时的动静，京城里的老百姓都知道，三年一会的礼部考试在即。前一天夜里，开封府的监安上门就安排城中的厢兵将贡院街洒扫得干干净净，还在关键路口处架设了照明用的油柴、火把，边上依例加派厢兵维持秩序。这都是因为新任的开封监安上门郑侠的缘故。郑侠乃福建福清人，治平四年（1067年）进士，他深知寒门士子埋头苦读、博取功名的艰辛，所以早早就把便利考生们的相关事宜进行了重点部署和交代。

在建阳家中的时候，游酢就从叔父游勋的书信中得知，从熙宁四年开始，新法罢诗赋，专以经义取士。族叔游复特意要求游酢、游醇和游磾三兄弟在研读经义方面多下功夫，所以游酢的准备还是比较充分的。

不过打开卷子看去，又是一边倒歌颂新法的题目，不免心上又是一紧，但既然来应考了，就安安心心答题吧！虽然满心不乐意，游酢对新法施行之后的成果和弊端还是有做过深入思考的。少年时读苏东坡的作文，见他说过“行于所当行，止于其所不可不止”的句子，不论怎样，凭心作文就是！想到这里，游酢盘起双腿，平心静气地冥思了半晌，这也是长期在木渎寺研读时养成的好习惯。一袋烟的功夫，游酢就把整篇策论想了个八九不离十，于是缓缓倒水、研墨，开始做题了。游酢把自己正心诚意、修身齐家、治国平天下的理想抱负，滔滔不绝地倾泻出来，各种思路纷至沓来，恍惚之间有如神助。

但放榜的时候，游酢失望了。好在不久后，游酢和杨时都得到了进入太学深造的机会。宋初，太学为全国最高学府，隶国子监。开始时仅设国子监，学生名额甚少，且只收七品以上官员子弟，新政实行后才开始设立太学，后至宋末，方才形成一套完整的学制。宋代太学待遇比较丰厚，主要从八品以下官员子弟和平民的优秀子弟中招收，其间的饮食供给都由官方负担，像他们二人这样能够择优推荐入太学读书的实属凤毛麟角。

可是，到了端午节前，他们还是决定离开帝都，同行的还有游醇、林志宁等人。虽然他们都获得了学正的举荐，得以进入太学深造，但是有了对宋朝科举制度的切身体会，特别是经受会试考场这样炼狱一般的考验之后，现在他们最想做的事情就是离开这个满目繁华的伤心之地。50余天后，游酢和游醇兄弟俩出现在去往富垅游氏祖居地的山路上。

沿着原路返回的落第士子，已经不复去时的意气风发。只是路边的景致还依稀是旧时模样，家中长辈的温言劝慰自不待说，最高兴的是小弟游碑。这游碑也是天生的读书种子，在游复族叔的私塾里就读的时候，不论经史子集只要经他过目，立刻就能诵读，就连三叔游勋也常常对他称赞有加。

归家不久，长辈就为游酢定下了一门亲，女方出自建安吕氏。

既然已经说定亲事，游酢反倒安下心来了，他心下寻思：这一生是笃定要这样过下去了，将来生活不论吃草也罢，咽糠也罢，都由他去吧！

既然都想通了，游酢也觉得心里没有什么羁绊了。离开富垅之前，他又去了一趟木渎寺，恰逢大雨，木渎寺外面的雨一阵强过一阵，游酢心里反而淡然了。为了驱散厢房里面的潮气，知客僧燃起了艾叶棒，渐次升腾的烟障后面，一桩又一桩的往事像帷幕一样开开合合，游酢好像又回到了和叶祖洽、施景明他们曲水流觞、红叶题诗的美好时光。

山中岁月如白驹过隙，一转眼又到了第二年的夏末，正在家中苦读的游酢接到了一封书信，这封让他喜出望外的书信来自千里之外的扶沟，落款赫然写着：“程颢谨具。”那一刻，游酢的心都提到嗓子眼了。因为这程颢先生可是名满天下的大儒，像游酢这样初出茅庐的无名晚辈，怎么也想不到会得到他老人家的垂青。打开信笺一看，原来程颐上回在太学对游酢的印象非常深刻，认为游酢将是可以委以重任的向道之人。正好程颢要去扶沟就职县令，亟须一位得力的县学教谕来帮助弘扬他兄弟二人极力倡导的道学思想，于是程颐就极力向胞兄程颢推荐了他。

问道扶沟

与家中亲人作别后，游酢离开了家乡长坪富垅，按照程颢来信所嘱，一路打听着往扶沟去了。正值秋高气爽，豫东大地遍野金黄，但见田陌之间农人往来，荷锄挈子其乐融融，远行的雁阵鸣声婉转，天边徜徉的炊烟缭绕不尽。且行且思之际，扶沟渐渐近了。

扶沟县属于京畿开封府所辖，距离京城也有将近300里的路程。不同于上一回熙熙攘攘的赶考人流，游酢的这次独自远足，也是平生第一次，虽然晓行夜宿不无劳苦，但内心的欢畅却是无法言语的。许多年以后，游酢在重温程颢语录“万物静观皆自得”的时候，那种油然而生的诗意依然令他印象深刻。

山不在高，有仙则名。因为有了程颢的讲学，扶沟俨然已是初具规模的学术中心了。

扶沟古称桐丘，在西汉高帝十一年（前196年）时就有县治，因桐丘古城东有扶亭，西有洧水沟（也称洧水河），所以到了北宋之前就以扶沟为地名了。

宋初，国内太平，文风四起，儒生经五代之乱后，都喜欢在山林中找个安静的地方聚众讲学。在扶沟向程颢老夫子求学期间，游酢得以与更多讲学于山林中的前辈宿儒接触，这样既开阔了个人视野，也夯实了学问基础。

说起这位给游酢去信的程颢先生其实也是很不简单的人，熙宁二年（1069年），神宗接受御史中丞吕公著的推荐，提拔程颢为太子中允、权监察御史里行（相当于实习）。监察御史是言官，其职责是规劝皇帝、纠察百官。然而对于士大夫来说，纠察百官好说，但规劝皇帝却非易事。因此，很多监察御史履职，或碍于情面，或担心权威，或害怕打击，往往形式重于内容，走走过场，不过让皇帝表现一下纳谏的姿态而已，至于纳不纳、纳什么、怎么纳，不予深究。

程颢在京任御史期间，恰逢神宗安排王安石在全国推行“熙宁变法”。“熙宁变法”一经铺开，便立刻激起众多士大夫的反对。司马光、范镇、吕公著等人对新法明确表示反对，其中司马光最为激烈，他曾对神宗说：“臣之于王安石，犹冰炭之不可共器，若寒暑之不可同时。”司马光对王安石，是势同水火，不共戴天。而程颢作为反对者阵营中的一员，态度上却温柔敦厚多了。

程颢说话做事，有理有节，不动真气，但他反对变法的态度却是一贯的。他任御史里行期间，多次上书神宗，指出不可变法的理由。他认为反对者太多，总有反对的理由，天下没有反对者过多而能成功的改革。他以支持和反对变革人数的多寡来预测改革的成败，这倒与其他士大夫或批评王安石的长相，或贬低王安石的品格不同。不过，程颢这一反对的理由，最终也确实一语成谶。变法的对错好坏姑且不论，程颢在变法中的表现温柔敦厚，颇具君子之风，刚烈火爆如王安石者，对他也心存尊敬。

二程门下有许多优秀的学子，如侯仲良、吕大临、谢良佐等。游酢与他们的交往都很深，相互引为知己。因为与谢良佐年纪接近的原因，所以相互之间特别谈得来，用程颢的话说就是：直是说的下！

每日里游酢看到谢良佐都在津津有味地誊写着日知本，当看到他写“天者理也”的时候就饶有兴趣地与他探讨起来。

后来，程颢与门下弟子围坐讨论的时候，游酢又提出了“天者理也”的命题。

程颢听闻，颇感欣慰地颔首道：“定夫见识有的放矢，可以教矣！”然后耐心解释道：“在生生不已的天道之下，通过阴阳二气的氤氲化生，产生天地万物，人只不过是得天地中正之气。故人与天地一物也。因此对于人来说，要学道，首先要认识天地万物本来就与我一体的这个道理。人能明白这个道理，达到这种精神境界，即为‘仁者’。故说‘仁者浑然与万物同体’。人心自有‘明觉’，具有良知良能，故自己可以凭直觉体会真理，通过直觉冥会，方可达到物我合一的境界。”

在座的林志宁听了，高兴地说：“从前我在文彦博老夫子处学禅，说是静坐修禅到了一定境界，可以‘开天眼’视通八极、豁然顿悟，可是先生所说的物我合一的境界？”

程颢摆了摆手，笑着说：“志宁误会啦！老夫出入佛老数十年，方才悟出这天理两个字是个人的切身体会，和佛家断绝人情世故，使人处于空寂之地，再遁入空门的顿悟，完全不一样。”

游酢接过话头说：“学生年少时，跟随族叔潜心向学，也有志宁一样的感慨，只是跟随先生学习日久，渐渐感觉儒禅二道虽然表面看来义理颇有共同之处，当要深究下去，其间的差异真是不可以道里计啊！”

在旁边一直端坐的侯仲良也道：“这人活一生，草木一秋，欢乐日少，忧患实多，当年在茂叔处曾经听闻学问之道在于寻颜子乐处，倒是有些不明就里。”

程颢微微笑道：“所谓孔颜乐处，当是学者所为也，夫学者，须先识仁。仁者，浑然与物同体，义、礼、智、信皆仁也。明白了其中道理，然后以诚敬存之而已，不要时时刻检查之，也不须日夜穷索之。如果人心懈怠了，就必须强大精神时刻提防。如果心里面都无暇懈怠了，又何必故作声势，强作欢颜呢？”

游酢随即接口道：“颜子居陋巷不改其乐，是切身体会到其中的快乐了，我们必须要设身处地，先体会到颜子的快乐，然后才能够知道颜子为什么不改！是这样么？”

旁边的谢良佐和吕大临等人一边认真聆听，一边详细地记录着，并不时地参与探讨问题。

若干年后，吕大临将程颢关于“识仁”的这段语录精心集缀成册，后人称之为《识仁篇》。

宋朝立国之初，就有抑制南方士人的传统，就连司马光这样才智超群、德才兼备的人都说过“楚人轻易，闽人狭险”这样的论调，可见北方士人对南方人的抵触情绪。但是，从建阳长坪来的游酢，却以自己的学问和品行赢得了同窗，以及包括程颐、程颢和司马光在内的这些宿儒们的认可，这与游酢自小养成的恭诚执礼的禀赋有很大关系。

程門
立雪

第三章

吾道南矣　金榜题名

在身边亲人、师友的催促鼓励下，游酢决定再次步入考场。师友送别的一幕，成为“吾道南矣”的千古佳话。没有辜负众人的期望与他自己的努力，游酢一举中榜。

吾道南矣

熙宁九年（1076年）的端午前后，游酢接到了杨时的来信，信中说他自己应试高中，本来就要来到二程门下就学，可惜身体突然不适，只能急急归乡云云。游酢闻讯不免喜忧参半、焦虑异常。喜的是杨时终于金榜题名如愿以偿，忧的是杨时的病情状况看似不轻，心下甚为忧虑。

却说杨时自从中了熙宁九年的进士之后就突染恶疾，只能在家休养，就连朝廷的任命，他也“以疾不赴任”。杨时身心憔悴，其间他写了多首感叹世事艰难、命运多舛的诗作。随着病情越来越严重，长久服药仍未见效，甚至连看书写文章等要紧事也懒得理会，整天卧病在床。

这年，有人介绍了医者邓献匡来给他治病。杨时的病况得以逐渐好转。于是趁着身子骨好转的当口，他采纳游酢的建议，调整了研究方向，开始精读《春秋》等典籍，并将有疑问的地方整理汇总，先后写了两封信托游酢转给程颢求教，杨时在信中表达了他解读《春秋》的心得体会，通过对所谓“微言大义”的深入解读，怀着慨然求道的精神要求，事无巨细地阐述了个人对于先贤与经典的理解。

神宗元丰四年（1081年）的冬天，杨时正式投于程颢门下。

杨时的到来，给在颍昌学习的众人带来了一些新气象。首先，杨时博览群书，对于老庄之学也颇有见地，无论是程颢还是程颐，他们在讲学时说到的一些义理，杨时都可以用自己的方式来加以阐述和补充。其次，作为南方来的学子，能够像游酢与杨时这样笃心道学、矢志不移的还真不多见。譬如，程颢说道：

“‘理’是先于万物的‘天理’，万物皆只是一个天理。”杨时就接口答道：“万事皆出于理，有理则有气。”游酢答道：“性即理也，我在家中曾听叔父游执中说过，所谓浊气和恶性，其实都是人欲。人欲蒙蔽了本心，便会损害天理。”程颢点头说：“你家叔父的见解也不凡啊！这应该是从禅学里面性善论中推出的道理，不过要‘存天理’，还必须先‘明天理’。而要‘明天理’，便要即物穷理，逐日认识事务之理，积累多了，就能豁然贯通。”程颐接着说道：“涵养须用敬，进学在致知，这个可以作为你们今后学习进益的不二法门啊！”

经过一些日子的朝夕相处，二程对于游、杨二人的禀赋用心也非常认可，特别是程颢，在释疑解惑方面，更加不遗余力地尽平生所学倾囊相授。

转眼又是金秋时节，元丰五年的礼部考试即将来临。在程颐的一再催促之下，加上此前堂兄游醇和谢良佐都已经金榜题名，秉性清高的游酢决定再作冯妇，投身科举。而杨时考中之后也有6年时间没去赴任，在吏部书函的接连催促下，杨时决定先回家中安顿好家小再做计较。

十月的一个早晨，程颢送游酢和杨时远行。游酢恋恋不舍地对程颢说：“自扶沟蒙先生召唤以来，听先生讲学，得到先生言传身教，受益匪浅。要不是新科考试在即，我还是想随时在先生身边聆听教诲。”程颢说：“你和中立的悟性都很好，谢显道是秉性纯良，吕大临是持守谨严，你们四人各有所长，此去经年，我门下学问的发扬光大，还要靠你们来传播。时间不早了，你们就上路吧！”程颢送出门外，见他们上了马，才若有所思地转过身。

陪同的侯仲良看到程颢有些闷闷不乐，劝慰道：“当年孔夫子送别他的得意门生言偃时有过‘吾门有偃，吾道其南’的断语，

游定夫祠

这回我看游、杨二人聪明高才，气度不凡，日后定能够将先生的学说带回去发扬光大的啊！”程颢听罢长吁一口气，笑道：“听你这么一说，还真有‘吾道南矣’的意思啊！”两人不禁相顾而笑。

游酢和杨时骑在马上，不时回忆着与程先生在一起的往事。先生的温文尔雅，先生的睿智与独到见解，使他们感到这些日子以来如坐春风，如沐春雨，心灵得到了滋润。望着田野里葱绿的麦苗，路旁随风飘扬的柳丝，游酢回忆起同谢良佐、吕大临还有林志宁等人向先生问学的情景。那是谢良佐要走的前一天晚上，他与谢良佐想向先生探讨学习的方法。先生一开始并未谈具体的方法，而是说学者欲有所得，须是笃，诚意烛理。然后说，学者要先会疑，即对前人的观点要敢于提出疑问。学源于思，人思如泉涌，浚之愈新。他还说，不思故有惑，不求故无得，不问故无知。那天晚上，他与谢良佐回去后讨论了很长时间，觉得先生不经意间把学问之道都说得具体而入微，想到这里，他又一次感到春风扑面。

金榜题名

游酢和杨时僻处程门，一心只读圣贤书，殊不知外面的世界已经有了很大的变化。此时王安石的变法，在发展生产、富国强兵方面收到了显著的成效，在一定程度上扭转了宋王朝衰败的局面。但是，由于变法的各项内容触动了官僚地主集团的既得利益，引起了他们的激烈反对，后来加上改革派内部出现了分歧和对立，熙宁九年（1076年），王安石不得不第二次辞去宰相之职。

在赴考之前，游酢对于再赴科举之途心中还是有所顾忌的，经过这么多年程门气象的熏陶氤氲，他对世间的功名利禄已经没有了曾经的热忱，从内心里说，他还是更想像程颐一样专心学问，绝意仕途。但是，程颐却开导他说道："人的一生也是有四时之分，在什么年纪要做什么事，都有一定的规律和道理，作为一个太学生，参加科举是你的本分，莫要乱了本分。"程颐的一番话让游酢有了醍醐灌顶之感，看看礼部考试日渐临近，游酢忙打起十二分精神，全身心地投入备考。

当时朝廷之上，因为王安石的去职，新党势力受到很大打击，在神宗的默许下，旧党的力量很快又卷土重来，接收了朝廷内外的众多关键部门。作为权力争端风口浪尖的礼部贡院自然也概莫能外，在这一科里面，王氏新学不再吃香了，褒扬变革的那些高调也不再受到狂热追捧了，考题的设置和对试卷的评判都更加趋向于定国安邦、道德修养乃至华美修辞等方面的内容。而游酢的文章以二程新儒学为代表的义理来阐释儒家经典，自然容易引起主考官的关注。

还是十年前的贡院，还是这一群似曾相识的考生和考官们，与熙宁六年（1073年）的考试一样，一样的场景，一样的程序，

一样的气氛，甚至值守的兵士都一模一样。只是这次游酢金榜题名了。捏着烫金的报喜帖子，游酢反而有些茫然，放榜下来的名字里有他所熟知的黄裳，还有江侧的侄儿江准。就像程颢曾经教导的一样，凡事都要亲身体认，方才看得分明。也难怪三年前就高中的游醇曾经一再来信，力劝游酢一定要前去应试。

春风得意马蹄疾，一日看遍长安花。礼部高中之后的新贵们紧接着就要参加殿试了，年过不惑的黄裳终于有了顺风顺水的感觉，由于此前神宗对他的《游仙记》倍加赞赏，所以在金銮殿上钦点了状元，黄裳心下的高兴可想而知。

在满朝朱紫贵的氛围中，新科进士们在高大的宫墙之下、曲折的回廊之间绕来绕去，轰轰烈烈上朝面圣、听宣、钦点三元，轰轰烈烈退朝、上车、宣德门外候旨，说是今儿个赵官家非常高兴，特别破例设琼林宴与众爱卿同乐。

时隔十年之后，游酢终于能够成为琼林御宴的座上宾，身边多得是花团锦簇的宫娥仕女和志得意满的文人士子，但是他一点扬眉吐气的感觉也没有。相反，在他的内心里还有一丝的怅惘与失望，学成文武艺，货与帝王家，他知道这些喧嚣的繁华终究要散去，现实的世界依然艰涩，那些齐家治国平天下的理想依然任重而道远。

久在帝都，对于汴梁城内的诸般繁华也已司空见惯，陶陶然的黄裳想不到，这回名满天下，并非倚仗他的锦绣文章，而是得益于他在《游仙记》中所喷发的出世理想与浪漫神怪。酒喝微醺之际，这位新科状元当场赋诗《谢及第启》，其中用了让好事者传诵不绝的一联诗句：“恩袍色动，迷芳草之依依；仙籍香浮，惹春风之拂拂。”这其中非常露骨地将仁宗《赐进士及第》的诗句“恩袍草色动，仙籍桂香浮”套用了进去。没过几日，黄裳这首又应景又讲政治的佳作就传遍了大江南北，同时也被外放的当世文豪苏东坡知道了。一贯恃才傲物、不合时宜的苏大胡子就公然炮轰黄裳的行为是“好作闻喜宴酸文”，至此引发了二人之间终身难以释怀的纠葛。

闻得才艺冠绝的新科状元如此表现，神宗赵顼不禁喜出望外。“黄爱卿真可是谪仙人转世啊！”已经有了几分醉意的赵官家不禁拊掌连声赞叹道。

于是乎，琼林宴上一时间欢声雷动，兴致勃勃的黄裳继续提起笔，写下了一阕酣畅淋漓、表现欢快心情的《宴琼林》：

> 已览遍韶容，最后有花王，芳信来报。魏妃天与色，拥姚黄、去赏十洲仙岛。东君到此，缘费尽、天机亦老。为娇多、只恐能言笑。惹风流烦恼。　莫道两都迥出，倩多才、吟看谁好。为我惨有如花面，说良辰欲过。须勤向、雕栏秉烛，更休管、夕阳芳草。算来年、花共人何处，金尊为花倒。

任他那厢龙颜大悦也罢，举座喧哗也罢，这厢游酢的内心越发冷静下来，黄裳词中描绘的天上人间宛如远处金明池上渐渐寥落的烟花一样，离得越远仿佛看得越真切，那些曾经遥不可及的功名利禄，一不小心就这么触手可及了。寒窗苦读的酸甜苦辣，苦心问道的筚路蓝缕，孰轻孰重，游酢已经难断高下。沉浸在无边的奢华与喧嚣之中，他不免思念起远在故乡的双亲，在长坪世代耕读的族亲，异地宦游的三叔游勋，还有过继给三叔的胞弟游礋，他们都还好么？游酢的内心仿佛热闹非凡的帝都上空那轮皎洁的朗月，一派澄明，此时此景，他居然异常得思念自己远在他乡的亲人们。

清乾隆三年
理學元宗
學政周學健敬立
閩學鼻祖

第四章

廉洁奉公　辗转仕途

初入仕途，游酢成为萧山县尉，他不因官小而懊恼，而是一心一意为民谋福利。因为赏识其才学和品德，周邦彦力荐游酢，使其再入京师。然而噩耗忽来，恩师离世，悲痛的游酢跪伏祭拜。此后，游酢辗转仕途，颠沛流离。

萧山县尉

琼林宴之后，新科进士们依例要到吏部去报到。这吏部衙门掌管天下官吏的升迁任免，游酢因不懂得上下打点的事，所以好的职位都被别人得了。又守候了半个多月，游酢才得到了萧山县尉的差事。

经过一番打听，游酢才知道这萧山还是一座濒海的小县城，在1000多里以外的越州，以萧然山为名。据说，当年越王勾践被吴王夫差战败，率剩下兵卒停留于此，四顾萧然，故称此山为萧然山，亦名萧山。

游酢才到萧山县衙就遇到了许多积压多年的案子，有邻里之间争讼的，有亲戚之间利益纠纷的，有各级地方官员之间倾轧的，还有多年未结的刑事案件，但他都能够依据轻重缓急，逐步消解，所以后来程颐也称赞游酢“政事亦绝人远甚”。

在众人的称赞声中，游酢怀着难得的轻快心情回到了住处，才开房门，一眼就觑见书案上有一封信，看着遒劲有力的笔锋他就知道是杨时的来信了。前一年，还在吏部候职的时候，游酢就知道当时朝廷给杨时下的是徐州司法的任命，离京之前游酢就曾去过书信，这些天还想着回信的事，这回信就到了。

就着窗外的涛声与风声，游酢打开了信札，杨时在信中说，他当年春天就到了建安（建阳），曾经写信托付林志宁带去，不知道游酢收到没有。信中还说他告别建阳后，从衢州渡江，经历了长途跋涉之苦，52天后才到彭城（徐州）任上。由于彭城地理偏僻，往来迎送上级的差事不多，公务又比较少，所以生活还是安逸的，只是定夫兄远在异地，还是要照顾好自

己才好。读着读着，游酢不免心潮起伏，这个中立兄啊！将近两个月的长途跋涉，其艰难困苦可想而知，他居然还惦记着我在这边的起居。放下信笺，想一想还远在闽北崇山峻岭之间的一家老小，游酢在萧然四顾之余不免长叹一声，随即拿起了手边的笔。

花了一个下午的时间，游酢把近些时日的所感所怀都倾诉到给杨时的回信中，而后又给二程先生和家里各修书一封报平安。

这县尉的职务是管全县的治安，虽然位不高权不大，但责任却相当重。

先前，距萧山城西约二里地有一个天然湖泊，叫作湘湖。湘湖同渔浦湖相连，一到汛期可以蓄水排洪，但是后来逐渐淤积，湖面日益缩小。再后来，大部分已成了芦苇丛生的沼泽地，于是地方豪绅纷纷圈地开垦，占为己有。由于两湖淤积日久，失去了应有的泄洪功能，一旦钱塘江水患到来，房屋田舍被淹没无数。贫苦人家颠沛流离不得温饱，自然民怨日生。

游酢用了半年多的时间实地勘察山势地形，认为“视山可依，度地可圩”，决定“以山为界，筑土为塘”，废低田、修湖泊以期彻底消除水患。可惜县令收受了当地豪强的好处，迟迟不肯作为，还斥责游酢越俎代庖。事已至此，饱受掣肘的游酢也只能望湖兴叹了。

谁曾想，30多年后的宋徽宗政和二年（1112年），杨时来到萧山做知县。在萧山任期内，他主持修筑了湘湖，造福萧山百姓。游酢想不到，自己的这一番宏伟构想居然在知己杨时的手中化为现实。造化弄人的同时，也有成全人的时候。

追念恩师

元祐元年（1086年），游酢以太学录的身份回到京师，推荐他回来的是太学正周邦彦。周邦彦，字美成，浙江钱塘人，因为年少放荡不羁而又性情刚直，崇尚清高，故自号清真居士。当年游酢在京师游学时，与他多有交往。

这次破格举荐，也可以看作是对游酢当年赏识《汴都赋》的投桃报李吧！当年在太学里面，周邦彦虽然贵为太学正，但由于他不是通过正途考取进士功名，所以在当朝的蔡确、章惇、韩缜等科班出身的大臣眼里是没有地位的。但在天性清高洒脱的游酢身上，周邦彦能够很快地重拾愉悦情绪，自从当年在马行街一见如故之后，游酢和周邦彦之间就常常相互酬酢，就算身处异地也时常有书信往来。

汴梁，是游酢仕宦之梦开始的地方。在太学的日子过得悠闲而缓慢，游酢得以有大量的时间来整理他跟从程颢学习时所珍藏的学习记录。为了互信印证、探索发微，这个时期，他与杨时和谢良佐的书信往来频繁，他渐渐地明晰了二程最重要的命题是“万物皆只是一个天理”。二程认为阴阳二气和五行只是“理”或“天理”创生万物的材料，“天理”作为世界的本体，人类社会的相关制度及与之相适应的社会道德规范，也都是“天理”在人类社会的具体表现形态。

“如果有朝一日自己身处那个职位时，也应该做得和老师一样吧！”游酢对自己说道。虽然和二程之间书信联系不断，但这次进京以后，忙于日常琐事，一直还没有来得及前往洛阳问安和探望，没曾想程颢去世的消息很快就传来了。

此前六月份的时候，朝廷召程颢担任宗正寺丞。心忧天下的老先生虽然有疾在身，但却欢欣鼓舞，正准备凝聚精力为国家效力的时候，不想沉疴难平，还没有动身，就在六月十五日病逝。

闻讯悲痛之余的游酢在家中安置程颢的灵位祭奠，还按照礼制设立了寝门，要求家里人要四时不间断地为先生上香祈福。沐浴清洁之后，游酢在书房里备下文房四宝，开始撰写程颢的行状：

> 先生道德之高致，经纶之远图，进退之大节，伊川季先生与门人高弟既论其实矣，酢复何言？谨拾其遗事备采录云……

写着写着，程颢往日的音容笑貌如在眼前，不知不觉日已黄昏，游酢悲痛难抑，不由得掷笔长吁一口气，感慨道，先生参透了天地造化的道理，称得上“确然高明”，接受先生教诲并且能够领悟其中妙谛的人，都交相称颂。可惜的是，先生的主张没有能够得以实施，许多百姓还没有受到启蒙，先生就溘然长逝，后世的人无从接受先生的教诲，只能从天地之间去感念先生的学问与风范了。

在哀辞里，像《天问》一样的追思接踵而来，程颢的突然离世，让游酢第一次感到人世间的变幻无常。他急急来到父母房中，交代了相关事宜，就往洛阳奔丧去了。

洛阳鸣皋镇程颢墓前，吕大临代表门生致哀辞后，谢良佐在凛冽的西风中宣读程颐写的《明道先生行状》的末尾部分。游酢静静地立在墓碑前，一边听着谢良佐含泪的哀读，一边望着肃穆的墓园。墓园显然比原先扩大了不少，靠北上方是程家祖坟。程颢的新坟前立着一块高大的墓碑，墓志铭是韩持国先生所写；墓表上是宋太师致仕潞国公文彦博题写的“大宋明道先生程君伯淳

之墓”几个字。

谢良佐宣读之后，安葬仪式也就结束了。程颐领着侄儿和吕大临等绕着坟走了一圈，做最后的告别。游酢在墓表前停了下来，仔细观看起程颐写的序来。这时程颐也走了过来，他问游酢对此序的看法，游酢说：“读了先生的这篇序，我对明道先生创立的理学意义有了更深的理解。孔孟之后的1400年间，世道混乱，人人不知以何安身立命。先生出，倡圣学，辩异端，确实为功大矣。如今先生去了，我们几个想投奔您门下，不知您肯收下否？”程颐见游酢、吕大临和谢良佐立在一起，似无所归依的样子，便说：“兄长生前特地对我说过，你们几个包括杨时都是在理学上有所深究的人，你们要担当重任，把道学传承下去。”三人一听，忙向程颐拜谢。

面对程颢的墓碑，游酢的心境逐渐平静了下来。先生往日的教诲像一汪清泉在心头蔓延开来，很快使他沉静下来。他记得先生说过君子要动心忍性、荣辱不惊，要有大气度。莫大之祸，皆起于须臾不能忍，不可不谨；逆境顺境看襟度，临喜临怒看涵养。在这方面，先生是修到家了，而自己还欠些功夫。想到这里，他感到豁然开朗，向先生的坟头拜了一拜，转身离开了。

在程颢故去后的第二个月，游酢的次子游拟出生，这给处于悲痛、无奈和彷徨中的游酢带来了一点安慰。

布衣宰相举国士

元祐元年（1086年），司马光出任宰相，尽复旧人旧法，对新人新法一概排除。蔡京作为王安石变法的得力干将，成了被打击的主要对象。司马光秉政，复差役法，为期五日，要求蔡京等限期完成，其他官员皆无法交差，只有蔡京完成了任务。但是没过多久，监察御史张舜民弹劾蔡京挟邪坏法，于是，蔡京在闪烁了一回光芒之后，就离京出知成德军去了。与此同时，被排挤在外的反变法派陆续重返朝廷。苏东坡、苏辙回来了。后世被称为“布衣宰相”的范纯仁也回来了，他是一代名相范仲淹的次子，宋仁宗皇祐元年（1049年）进士。当年高中以后，范纯仁并没有去赴任，而是在家中服侍父亲，一直到父亲过世后才出仕，并得以在同知谏院任职。

吕惠卿当朝的时候，范纯仁因为仗义执言而忤逆权贵，被外放到襄城县任知县。

因为范纯仁为政清廉，名声逐渐传扬开来，所以哲宗皇帝登基后，就把他提拔为给事中兼同知枢密院事。

范纯仁入朝之后，就荐举张耒参加太学学士院考试。这张耒与游酢同年，在熙宁六年（1073年）由神宗亲策为进士，王安石负责提举，授临淮（今安徽泗洪县）主簿，开始步入仕途。张耒先后在安徽、河南等地做了十多年县尉、县丞一类地方官，并因秩满改官不断，往来京洛间。张耒为官清廉，颇为范纯仁所喜。张耒与苏轼、秦观和晁补之常有诗文唱和，并结为知交。因为有了和张耒的这层关系，游酢也与他们时有往来，在这里，游酢遇到了黄庭坚，作为“苏门四学士”中的老大哥，黄庭坚早已经是才华横溢、名动江湖了，特别是他的书法，已经初显大家风范了。此时，黄庭坚奉诏进京撰写《神宗实录》，同为书法家，黄庭坚和游酢都是临摹颜真卿起手，都对杨凝式的书法情有独钟，二人在一起自然有说不完的话。

一日，游酢在黄庭坚处看到一幅铭贴云：“尔俸尔禄，民膏民脂，下民易虐，上天难欺。”他不禁拍手叫好道：“此铭暗合

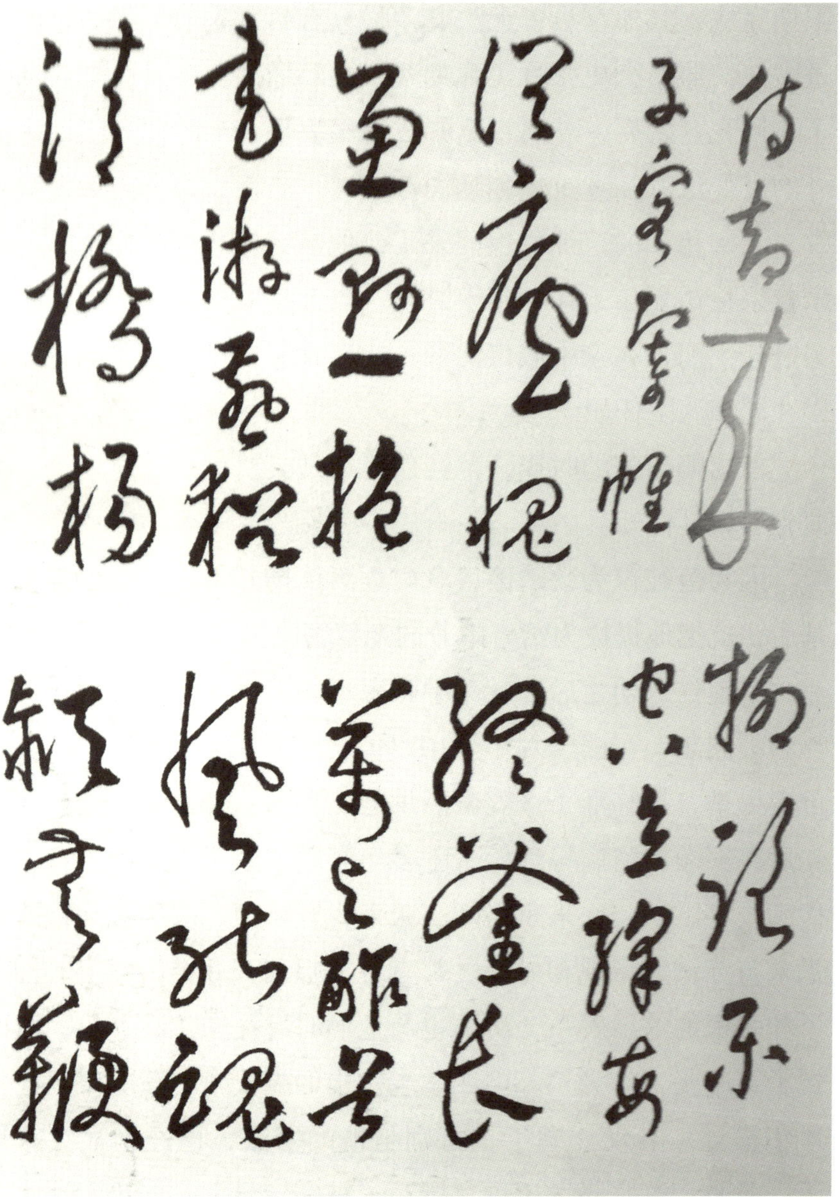

游酢草书手迹

天理，为政者的仁心于此可见，甚好，甚好。”

黄庭坚闻言点点头说道：“元丰五年（1082年），我在太和县任职时，有感在太学之时，受大程先生教诲多矣，深感天理昭昭、民生艰难，受孟昶的《戒石铭》启发，有感而书此句以自警，遂勒石铭记。”游酢和黄庭坚不会想到，若干年后，宋高宗赵构在整顿吏治、严惩贪赃枉法之徒时，责令大宋所有官方治所都必须勒石垂戒，黄庭坚的《戒石铭》得以广布天下。

平时，游酢与周邦彦也常有往来，周邦彦本是萧山钱塘人，游酢也才从萧山任上归来不久，所以说起故乡事情，周邦彦自然是大为触动。闲谈间，周邦彦对游酢说道：“定夫可曾听说过范纯仁？”游酢答道：“范纯仁公是前朝名臣范仲淹的儿子，听说他公忠体国，为人宽厚，只是无缘见得一面。”周邦彦道：“这次机会来了，圣上有感于当今之世逐利之风日甚，小人日进，遂责成范纯仁正本清源，选拔推荐贤才。在他推荐的人选里有你的名字呢!”游酢有些纳闷道：“我和范夫子从未谋过面，他怎么就举荐我了呢？”周邦彦道：“这你就有所不知了，这范夫子凡是举荐人才，全凭天下公众的评论，并不一定就要与他相识。”

游酢和范纯仁一样，他们的性格平易宽厚，不以疾言厉色对待别人，但凡是符合道义之处就会挺拔特立，一点也不屈从。由于游酢的学问与见地深得范纯仁的赏识，所以在日常相处中，范纯仁总是很推崇游酢，待之以国士之礼。

范纯仁从布衣到宰相，廉洁勤俭始终如一，物以类聚、人以群分，范纯仁曾经告诫游酢说：“即使是愚笨到了极点的人，要求别人时却是明察的；即使是聪明人，宽恕自己时也是糊涂的。如果能用要求别人的心思要求自己，用宽恕自己的心思宽恕别人，就不用担心自己不会达到圣贤的境界了。”和在二程座下的如沐春风一样，游酢和范纯仁围绕“忠恕之道”的论述，对于他们的人生影响深远。

河清县令

回到帝都后不久，还没从程颢去世的悲痛中恢复过来的游酢又听到了一个坏消息：司马光去世了！在这一年的闰二月，避居洛阳的司马光才刚接宰相之职。不过，当时司马光的健康状况已经很不乐观了，终于在元祐元年（1086年）九月与世长辞。而在此之前的四月份，司马光的政治对手王安石也在万般的无奈和失意中离开人世了。但朝堂上的党争并没有绝迹。

元祐二年（1087年），游酢已经35岁，并且已经在太学里面担任了博士，但是由于家口众多，于是以食贫待次奉亲不便的理由，求得就近知河清县（今属江苏）。在宋朝的名人年谱里，经常出现待次奉亲不便的字样，这也是当时官场的一个惯例，同时游酢也想借此机会，远离朝堂上诸党之间的纷争。

河南府的河清县原名孟津，据《尚书·禹贡》注："孟为地名，在孟置津（津就是渡口的意思），谓之孟津。"地处渡口的河清县自然往来商贾云集，贸易集散带来的丰饶物产自然不在话下，当地征收的税赋费用也是相当可观的，应该说这是一个相当不错的职位了。

初到河清县的日子，游酢还是很相宜的，游酢写下了《题河清县廨》：

小院闲亭长薜萝，鹿木穿径晚径过。

夕阳萧散簿书少，窗里南山明月多。

但为政一方也有他的难处，百姓开门七件事，柴米油盐酱醋茶，知县升堂，就两件事，打理诉讼和征粮征税。但一要应付胥吏，二要亲民理政，三要打点上司，天天都是钱进钱出、鬼哭狼嚎的俗事。游酢作为河清县的长官，事无巨细，日常要操心的事情自然不会少。以游酢的历练和才干，管理河清县自然不在话下，他之所以从京师申请外调，正是因为家庭负担太重，也想改善条件，侍奉双亲。此时家小安定，一家老小的吃穿用度有了着落，正欲聊整待暇，全心钻研学问。但是，没过多久调任颍昌知府的范纯仁就来信相邀，要他去颍昌府掌管府学。

先前，范纯仁到了颍昌之后，发现这里民风淳朴，特别是二程由扶沟移驻于此之后，门人弟子云集，堪称一时之胜。但程颢故去之后，程颐返洛料理后事，谢良佐回乡备考，杨时南行，程门弟子虽众，却难寻得到二程真传的人。县中父老极力称赞游酢当年由扶沟随二程至颍昌任教谕之事，称他尽管盘桓时日无多，但从他言行之间，已经望之俨然载道者也！所以在范纯仁的多番催促之下，游酢毅然辞去河清县令的职务，跟随范纯仁到颍昌去担任一个纯粹的学官了。

第五章

程门立雪　闽学滥觞

游酢与诸位学友醉心于学问，探讨“天理”，遇有不懂之处，便拜访程颐求教。在一个大雪天里，终于留下了“程门立雪”的尊师重道的典范。为倡导东南，游酢率众弟子在武夷山建水云寮，教学授徒，为“道南理窟”添了重重的一笔。

程门立雪万古心

在颍昌的日子，游酢过得悠闲而自在，在默默与天行、默默与天语的过程中，他进一步加深了对“天理”的认识，至于《易经》他更是无日不读。但在每每学有所得、悠然心会之际，身边却难有可以倾诉的人，忠厚长者范纯仁固然是个可以交谈的对象，但范公整日公务繁忙，边事也渐渐吃紧，除非遇到疑难的事情，范纯仁和游酢之间能够畅抒胸臆的机会也不多。至于那个精力旺盛、貌似热衷于道德文章的同乡范致虚，更是在博得范纯仁的一封推荐信之后，就急急地前往京师另谋高就去了。

元祐六年（1091年）十二月，范纯仁徙知河南府，游酢得以在洛阳继续当他的府学教授。最让他欣喜的是，此时程颐已经从涪陵（今重庆）回到洛阳定居了。早在元丰五年（1082年）的时候，文彦博将其在洛阳鸣皋镇的庄园赠给程颐，程颐在这里创立了伊皋书院。因此游酢可以继续跟从程颐学习了，他追随程颐，继续以儒家经典为指南，参悟“圣人之志，只欲老者安之，朋友信之，少者怀之”的道理，他在语录上虔诚地写下了“程子曰：学者须先识仁。仁者蔼然与物同体，义、智、信，皆仁也”之言。

虽然学有所成，艺有所长，但在凝神静气之余，游酢常常会怀念远在异地的谢良佐和杨时。聊以自慰的是家人还在身边，大儿子游伪也能够里里外外帮忙干活了。这一天，游伪研磨，游酢在给杨时修书一封之后意犹未尽，换了一把斗笔在边上挥毫用章草写下了一首七言绝句：

萧条清颍一茅庐，魂梦长怀与子居。
五里桥西杨柳路，可能鞭马复来无。

然后又细细用小楷工工整整地抄录在信后，这就是后来传诵一时的《在颍昌寄中立》。说起游酢的章草，那可是自成一格，他早年自颜体入手，以中锋行书写意，走字痛快沉着，笔迹来去分明，又有创意倏忽其来，翩若飞鸿，使严谨的法度和张扬的个性有机地融合到了一起。

元祐八年（1093年）五月的一个下午，游酢正在洛阳府学给学生们上课。杨时同米芾来访，游酢大为高兴。昔日在汴梁时，米芾和游酢都是年轻一辈里面数得着的书法家，所以惺惺相惜大有一见如故之感。游酢问米芾：“元章兄在朝中任职，为何来这里？”米芾道：“近日上司派我到河南一带巡查，我顺路过来看看仁兄。才到洛阳就遇到杨兄，我们就一起来了。”杨时道：“我才授了浏阳知县，就从京师过来，正有好多疑难要和兄弟探讨啊！”游酢道：“甚好，甚好，你不过来，我还想去你那边呢！天色不早，我们还是先去吃饭吧！”

时令虽已近夏，晚风中依然略有寒意，他们边走边谈。杨时道：“我自与仁兄在此地别后，如今再来已是十载，其间世事沧桑，一言难尽啊！”游酢答道：“世事浮云苍狗，殊难预料，不过透得天理二字，自然可见苍生的福祉。”杨时道：“莫非定夫已经悟得明道真谛？愿闻其详！”游酢缓缓地道：“真谛倒是不敢当，近来我思考一个问题，何为君子之事？《蛊》之象曰：君子以振民育德。君子之事，唯有此二者，余无他为。二者，为己为人之道也。”杨时思索着，君子之事唯有“振民育德”二者，也是为己为人之道，他想起了商朝伊尹的话：“天之生斯民也，使先知觉后知，使先觉觉后觉。予天民之先觉者也，予将以斯道觉斯民也。”他望着在前面的游酢，心想，这定夫兄居然能把天理理解为振民育德之道，真如明道先生在世时所称道的灵利高才啊！

两人夙夜长谈，述说起在程颢门下的种种过往，讲到兴起处，自然是万般感慨。沉默了半晌，杨时忽然问：“如今伊川先生安好否？”游酢道：“鸣皋镇离这里不远，我与夫子之间常有过从，伊川先生日常起居开阖有节，身体应该还是康健的啊！”杨时感叹道：“当日在明道先生门下，颇受器重，奈何俗务繁杂，未能始终侍奉左右，堪为平生之憾啊！伊川先生平时最喜仁兄，兄更当引我前去拜见才好啊！”游酢道：“兄弟既然来了，伊川先生是一定要去拜见的，虽然你我二人在二程座下有日，但对先生不传之学理会恐有偏差，最好还是亲身叩问疑难，方才放得下心去。”杨时答道：“既然议定，事不宜迟，明日一早我们就相携同赴伊川先生处，如何？”二人商量好了以后，才抵足睡去。

次日一早，杨时就急匆匆地跟随游酢一起往鸣皋镇去了。程颐看到游酢将杨时带来了，心里大为欣慰，忙将身边的张绎和尹焞二人介绍给大家。杨时早在和游酢等友人往来的书信中就知道程颐新近收了两名得意弟子，一个是张绎，字思叔，河南府寿安人。程颐从涪陵回洛后，张绎求学于程颐，程颐非常欣赏他的聪慧，据说张绎读《孟子》中的“志士不忘在沟壑”句，豁然开朗，遂以功名为轻，决定终身不出仕。另外一个就是尹焞，字彦明，一字德充，祖上世代为洛阳人，是著名学者尹源之孙。

有了这些意气相投的师兄弟们的相伴，游、杨二人终日沉浸在研讨道学的荡漾春风中，他们畅述胸怀，无所芥蒂，闲暇之余偶尔也诵读一些辞章歌赋。这天，张绎闲来翻读晏殊的词：“春悄悄，夜迢迢。碧云天共楚宫遥。梦魂惯得无拘检，又踏杨花过谢桥。”杨时说道：“这可是春夜宴会上惊艳的情事，靡靡之音有碍道学，思叔可不要因为这些艳词惹恼了程夫子啊。”游酢却说：“伊川先生气象日渐博大，恐怕也不会拘泥于这些小节吧？”

这时客房门突然打开了，面容沉毅的程颐居然莞尔一笑道：“中立说得是，这晏学士也是一把年纪了，偏偏好做鬼语，哈哈！”

程颐道：“凡学之道，正其心，养其性而已。中正而诚，则圣矣。君子之学，必先明诸心，知所养，然后力行以求至，所谓自明而诚也。故学必尽其心。尽其心，则知其性，知其性，反而诚之，圣人也。”

如同张载在《西铭》中所言，道学的基本要义在于：为天地立心，为生民立命，为往圣续绝学，为万世开太平。无论潜心学问，还是辨析发微或者冥思体悟，所有的修行都是努力向圣贤境界迈进。

所以游酢在他的学说中一再强调“主敬”，但是他说的“敬”是一种态度，并不代表立场，所以在方法论上，游酢主张的兼收并蓄和实践功夫和程颐大而化之的“只守一个敬字，不知集义，却是都无事也”是有很大差异的。

自从程颢故去之后，无论朝堂之上还是江湖之远，道学面临的处境越来越险恶，特别是新党人物重新掌握权柄之后，更是大力打压以所谓洛党和蜀党为代表的旧党人士。许多亲朋故旧趋利避害，也对程颐避之唯恐不及，为了继续倡导这来之不易的道统，程颐也是颠沛流离、历尽艰辛。

始终处于内忧外患时代的程颐，并不是一个只知闭门读书、不问天下之事的人，恰好相反，他之所以做学问、求大道，不仅是为了做一个有学问、有道德、有大节的人，同时还本着有道德

足以替时、有事业足以拨乱的理想和抱负，力图将其所学用于匡时救世，称得上是身虽在野，心系社稷安危。

程颐初见游酢，正是为他主敬的态度所感动，后来眼看游酢和杨时、谢良佐他们逐渐从有志于道，再成为道统的有力传承者，内心的喜悦当然也是无以复加的。尤其是重回洛阳的这些时日，旧日门人和新学后进络绎前来，更是让年过古稀的伊川先生内心颇为欣慰。

这一天，正逢难得的连日大雪之后初晴时光，侯仲良来到程颐的屋中闲坐，言谈之间不免对门下弟子的行事风格进行评点。侯仲良说道："我看先生座下的张绎和尹焞用功特勤，执守甚严，才识和学问应该也不在游酢和杨时之下了。"程颐微微颔首道："这后来的两个年轻人禀赋和用功方面确实也做得不错，不过这主敬的功夫还是需要磨砺方能看到成效啊！"侯仲良闻言不禁好奇地问道："先生如此说来，难道游、杨二人还有什么高过别人的德行吗？"程颐继续缓缓说道："其实也没有什么特别的地方，只是前些日子的一场大雪，我寻思这样的天气正好可以静心冥坐，却不曾想游定夫和杨中立二人来访。他们为了不影响我静坐，竟硬生生在门前廊下等候了半晌，一直到黄昏时分我醒悟过来为止。哎哎，私下想来，我这个当老师的还真有些怠慢了。"侯仲良诧异道："哦，居然还有这回事，这可应该好好记载下来啊！"程颐微笑道："是啊，你若有心，当可试书之。"

一日，游酢和杨时正在阅读程颐的《易传序》，当看到"体用一源，显微无间"的字眼的时候，游酢皱起了眉头，杨时忙问游酢有何想法？游酢认为这样的说法似乎太露天机了。程颐听了感叹说："近日学者何尝及此！"因为程颐在这里融合了佛教的思想方法，一般人看不出来，而游酢却一语道破天机，所以得到程颐赞赏。

关于游酢和杨时程门立雪的故事，若干年后传世的《侯子雅言》是这样记载的：

> 初，游、杨初见伊川，伊川瞑目而坐，二子侍立，既觉，顾谓曰：贤辈尚在此乎？日既晚，且休矣。及出门，门外之雪深一尺。

侯仲良作为流传最广的版本执笔者，他为程门立雪在中华文化史上写下了最为确凿的一笔。

关于这场历经千年依然还在中国人心中飘荡的鹅毛大雪，在后世的文人学子中引发了无数美好联想。一位独坐屋中的老者，那老者冥想的是天地万物、苍茫宇宙；还有门外阶前侍立的两位中年贤士。程门立雪凸显的是师道尊严，是俯瞰芸芸众生的重道者，还有仰视巍巍文化昆仑的朝觐者。

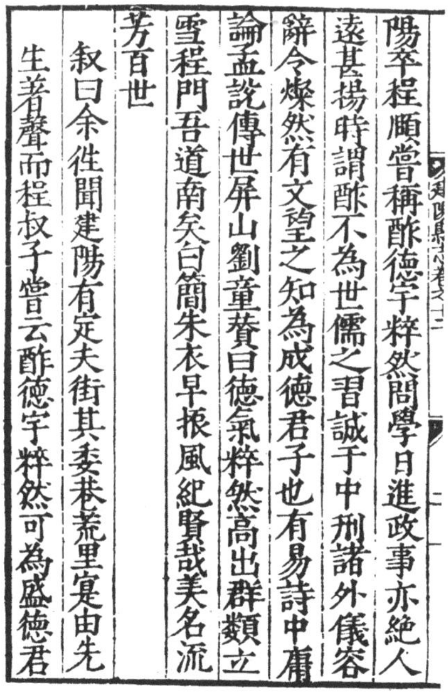
陽卒程顥嘗稱酢德宇粹然問學日進政事亦絕人
遠甚楊時謂酢不為世儒之習誠于中刑諸外儀容
辭令燦然有文望之知為成德君子也有易詩中庸
論孟說傳世屏山劉童賛曰德氣粹然高出群類立
雪程門吾道南矣白簡朱衣早振風紀賢哉美名流
芳百世
叔曰余往聞建陽有定夫街其委巷荒里寔由先
生著聲而程叔子嘗云酢德宇粹然可為盛德君

嘉靖《建阳县志》提到游酢“立雪程门”“吾道南矣”

元祐九年（1094年）春，这一天大雪刚过，洛河流域就下起了雨夹雪，开始只是稀疏的雨雾，后来越来越浓，才从开封过来的胡安国也顾不上这些，他急急来到洛阳府学找游酢了，见面甫定，胡安国就问道：“定夫可知程门立雪的故事？”“有听侯先生说起过，不过我当时有说，这些行为都是我们这些做弟子的本分，没有宣扬的必要。”游酢笑着摇

立雪堂

头，“不过，侯先生还是要一力褒扬，实在惭愧啊！”“这可是大好事啊！你和中立兄程门立雪，都成有道之人了。”胡安国拊掌笑道。“众生平等，哪有什么圣人啊！”“二先生是自小立志要做圣人的，大先生却是不期待成为圣人而成为圣人。”游酢若有所思地对胡安国说道。

这场雪成为一段极富传奇色彩的经典，堆积在每一个中国人的心头，作为一个象征尊师重道的标准样板，程门立雪成了一则内涵深远的文化寓言。历史的因缘际会再一次成就了一段千古佳话，苍茫的洛河之滨，这个故事和人有关，和雪有关，和传承不息的道统有关，历尽岁月沧桑，无惧世代更替，让我们明白有一种坚守叫作尊师重道。

党争又起

绍圣元年（1094年）的礼部考场爆发了一场轰动性的事件，有一名考生低头看了试卷一眼就起身罢考，监考官追问缘由，当事人仰首答道：“考题中说要诛杀元祐党人，这与本人的立场和志向是相违背的，如果非要这样的话，我也不能因为高官厚禄而丧失本人的做人原则。”

这个人就是尹焞。

消息传到太学的时候，游酢正在和胡安国探讨学问。在游酢的太学博士住处，桌上放着《论语》《春秋》《中庸》。

胡安国似乎仍有疑问：“如何才能定性呢？”

游酢说：“大程先生在世时，经常说定性即是定心。我也写过‘中心如自固，外物岂能迁？’的道理。心之所以能定，不在于强制本心，也不在于驱逐外物，而在于不受私心之累，不受一己私利之累，做到廓然而大公，物来而顺应。”

胡安国追问道：“何以做到廓然而大公？”

游酢说：“当时在颍昌的时候，大先生曾经与中立和我说‘识仁’，只要懂得仁，就可以普万物而无心，顺万物而无情。”

胡安国有豁然开朗之感，接口说：“经过先生点拨，我的心中敞亮多了！”

游酢又说：“仁义自在人心，凡事用心体会把握住自己的心性才是最重要的。康侯最近有没有听说尹焞的事情呢？”

胡安国说：“也是前些时日才听说，据说是大闹了考场，拂袖而起，监考官因为他是程颐先生的私淑弟子，才网开一面没有追加责罚。”

游酢道："我这个和靖师弟天资聪慧，在小程先生门下入门虽迟却是进步神速，大受老夫子喜爱，只是年轻人的气性也太大了一些啊！"

胡安国道："虽说这位尹先生临场罢考确实有些唐突，不过在下这些日子读了先生所授《二程先生语录》，对于现下士子们只知记诵经文与章句训诂，其他学问正途一概不问，也深以为苦。"

游酢听了颇为诧异道："这样说来倒也有些道理，愿闻其详。"

胡安国接着说："伊川先生云，明经之属，唯专念诵，不晓义理，尤无用者也。如果这样，这科举的考试不参加也就罢了，不如潜心向学，以匡圣人之道！"

听到胡安国有这样的念头，游酢好像又看到了10年前的自己，游酢缓缓说道："孔子曰'修己以安百姓'，我们潜心道学的人，一定要有以天下苍生为念的担当。当年在二程门下我也曾有追随二先生终老于斯的想法，后来幸亏伊川先生的一番斥责，让我幡然醒悟，至今想来言犹在耳！"胡安国勃然正容，说道："原来先生也有这样一番经历，小子学业不纯，妄作他念，还望先生多加鞭笞。"

游、胡二人正在对答之间，曾开来了，这曾开字天游，其祖先是赣州人，后来移居到河南府。他从小就博览群书，写起文章也小有名气，游酢在洛阳府学的时候，曾开就表现不俗，后来又到了太学读书，更是学问日进。作为游酢比较欣赏的私淑弟子，曾开一向执礼甚恭。

看到曾开急匆匆地赶过来，游酢不免心头一紧："天游为何如此慌张？"游酢问道。

"适才刚听舍间子弟说，范夫子罢政外放了。"曾开急急说道，"唯恐先生不知，学生是特地前来报信的。"

胡安国说："近日太皇太后西去，圣上颇有再纳新党执政之意，范夫子秉性戆直，当此进退之际，却恐有所不便啊！"

游酢连忙起身，说道："事起仓促，我要先到纯仁公处探视一番再作计较，你二人请自便吧！"说完就往范纯仁家中去了。

话说元祐八年（1093年）九月，太皇太后撒手人寰，19岁的哲宗皇帝终于可以亲政了，范纯仁、范祖禹和苏辙等上书要求他"深拒奸说"，对于这些清流的言语，头脑发热的宋哲宗又哪里能听得进去呢？

对于他的父亲神宗，宋哲宗从小是当作偶像来崇拜的，他崇拜他的励精图治，崇拜他明知不可为而为之的勇气和决心。但是宋哲宗的崇拜在太皇太后那儿被粉碎了，太皇太后垂帘听政的8年就是粉碎宋哲宗偶像的8年。因此太皇太后一死，宋哲宗就豪迈地认定，一个属于他的改革时代开始了。

元祐九年二月，亲政的宋哲宗立刻重用了李清臣、章惇和邓润浦等一干新党人物，轰轰烈烈的改革就这样成了轰轰烈烈的党争。

就在此时，一件意外的胜利冲淡了党争带来的烦恼，哲宗对西夏用兵取得了一次小小的胜利，章惇借机将此次胜利往《保甲法》上引，称只有坚持改革，大宋才能国富民强。哲宗也兴奋，觉得要改革，到底少不了这个人。他对章惇是又拍又拉，诚恳地希望他戒除党争，专心改革。章惇心里也认为党争搞到这个地步，可以告一个段落，接下来是该好好改革了。

这章惇也是一个牛人，当年他初赴京师赶考就中了进士，但是还觉得不过瘾，因为他的侄儿中了同科状元，于是乎拂袖而去。下一科再考，又是金榜题名。经过多年宦海沉浮，章惇得到了中书门下平章事的职位，也就是说入阁成为宰相了。正当用人之际，他想起了另一个和他同科的进士陈大卞，陈大卞当时在江宁（今属江苏南京）任知县，居官廉洁，深得一方民望。章惇给他写了好几封书信，要他来朝廷任职，没想到他竟然迟迟不肯进京。

秉性清高的陈大卞也是个矢志道学的贤士，眼看着新皇帝翻云覆雨，对于官场上的尔虞我诈他是没有太大兴趣的，但是昔日故人章惇的面子他又不好太抹了去，所以他要到范纯仁那里讨个主意。陈大卞见了范纯仁才知道他已经外放的消息，不禁愕然长叹道："看来真是天意无常啊！我有心归隐却又拗不过章惇面子上的交情。"

"有何不可，只说是家有高堂需要照料，谅他章惇也不好穷追猛打。"范纯仁淡然笑道。

陈大卞听了频频点头道："明公高见，看来还是如此应付他来得比较熨帖。"

二人正在言语之间，游酢已经来到了范纯仁家中。

"仲循兄，这位是太学的游博士。"范纯仁向陈大卞介绍道。

"这位可是我程门高足游定夫先生？想我年少之时也曾在二程门下受教，至今想来可谓受益匪浅，可惜大程先生已然离世了，唉唉！"陈大卞看着游酢不禁感慨起来。

三人寒暄之后，范纯仁才告诉游酢，当前朝廷上下面临小皇帝亲政、新党又滋的复杂局面，那些一心要恢复熙丰变法的权臣们愈发变本加厉了，元祐以来休养生息的局面看来又要无疾而终了，言语之间颇为忧心。游酢只得劝慰他说，既然内心的抱负不能传达上听，不如就韬光养晦以待进退，这次外放河南府也是一件好事。游酢话音才落，范纯仁接口道："老夫已是垂暮之年，早知世态变迁并无定数，定夫也不必太过挂怀，你跟从老夫多年，对仕宦与边事之道也了然于心。我这次前往颍昌之前，已经向吏部保荐了你，不日应该就有分晓。"才说了一通话，范纯仁忍不住咳嗽起来。

游酢忙劝范纯仁保重身体，并表态愿意侍奉左右。

"不妨事的，我只是近日以来目力不济，调息有日自当痊愈，你上有老下有小，一大家子都要费心烦劳，也要保重啊！"范纯仁又转身对同在范府拜访范纯仁的陈大卞说道，"仲循远道而来，实属不易，今当远离，我们共同赋诗赠别，以遣离绪如何？"

大家闻言都说好，于是笔墨伺候，不在话下。

范纯仁的《赠陈仲循》写道：

吾年六十子方半，槁项顶螺忘岁年。
韵胜不减秦少觌，气爽绝类徐师川。
不肯低头拾卿相，又能落笔生云烟。
脱却衲衫著蓑笠，来佐涪翁刺钓船。

游酢的《赠陈仲循》就此喷薄而出：

即今年才五十余，脱去簪绂弊屣如。
圣时搜选动空谷，策足要路争先趋。
庙堂故人握重柄，偃者可植瘦可腴。
惓惓风仪数寄语，掉头不顾甘如愚。

但是游酢的洒脱性格给他带来了许多机遇的同时，也无端增添了许多烦恼。身为宰相的章惇看了由属下收罗上来的在京文官

们交往唱和的情况之后，对于他们这些自命清高的道学中人自然相当气愤。

又过了一些时日，游酢收到了两封书信，第一封一看就知是杨时的，游酢展开一看：

> 主上睿圣，方进退大臣，以兴复太平之功。元丰丕绩，计指日可望政令一新，但恐疏愚无以奉承耳。学中长幼为谁？近不闻报。苏季明向除博士，曾到任否？
>
> 京师非食贫之地，公家口颇众，度其势能久居否？趋舍之方审处也。

透过文字，他仿佛看到了杨时关切担心的表情，一句“家口颇众”可以体会到天各一方的兄弟情怀。六月份的时候，游酢的第六个儿子游捄才刚刚出生，太学本就是个清水衙门，虽说太学博士比起原先的太学录俸禄有所增加，但也挡不住京都的物价飞涨，真像杨时在信中估计的那样“京师非食贫之地”啊！

他又低头看第二封书信，但觉得笔迹有些陌生，再看看落款，却是从广西寄来的，心里不免咯噔了一下。按照常理，这应该是堂兄游醇寄来的平安家信，但是信封上的字迹分明又不是质夫的手笔。

展开书信一看，果然证实了游酢的预感，游醇去世了！

信是由游醇在广西的同事代书的，说是游醇在六月间感染了痢疾，当时正值南边蛮王作乱，公事繁重，僻远之地缺医少药，病情延宕至入冬，最终沉疴不起，溘然长逝。

游酢手执书信呆立半晌，心里禁不住翻江倒海地痛。首先，他是对英年早逝的堂兄惋惜不已。其次，担心大伯父家中今后的生活要愈发艰难了。最后，卧病在床的老父亲那边要如何交代啊！前几日游潜还在询问游醇那边怎么许久没有消息过来呢！游酢深知，父亲三兄弟的感情深厚异常，前些年因为三叔没有子嗣的事情父亲就寝食难安，将弟弟游醇过继给三叔之后，他才了却了一桩心事。如今，大伯父又是晚年丧子，老父亲闻此噩耗又不知要如何悲痛啊？

程门窗草绿

对于齐州（今山东济南）境内的老百姓来说，绍圣二年（1095年）可不是一个好年景，一开春的雨就不济事，稀稀落落地扬了几场就收尾了，转入夏天越发旱得厉害了。这齐州原来号称泉城，地下水资源原本非常丰富，但也经不住旱魃肆虐，城中的泉水也仅够勉强维持日常用度而已。

自绍圣三年赴任齐州判官以来，游酢就一直为抗旱所苦，家中的事情也无暇顾及。自去年，游潜听到游醇的死讯后心情就一直不大好，年前离开京师，路上晓行夜宿颠簸劳顿，又感染上了风疾，病情始终反复。转眼就入秋了，老太爷的病情还是未见缓和。

终于挨到三月份，游酢的父亲游潜去世，享年66岁。游醇在次日黄昏的时候赶到家中，心急火燎的游酢正在忙里忙外地张罗丧事，兄弟俩商量了一下，当务之急还是办理丧事所需的费用。虽说游酢为官多年，但一向清廉持守甚严，而且家中老少日常开销也大，真的是家无余财。幸亏游醇为官的高邮县尚属江南富庶地区，日常俸禄略有余裕，这次返家倒是带了一些细软，但是相比老爷子扶灵移柩的费用缺口还是很大。最后实在没办法了，也只得一切从简。

齐州与建阳相隔数千里，游酢兄弟俩拖家带口，还要扶柩而

行，此次返乡由北至南，纵贯黄河与长江两大水系，一路上风餐露宿、舟车劳顿，经过70余日的跋山涉水，终于得返家乡。

富垅祖居地的灵堂已经搭建起来了，游氏宗亲纷纷前来拜谒，在哀婉凄绝的气氛中，家人的悲痛自是难以尽诉。

等到客人散尽，游酢请大伯父游默来致哀辞。安排了这些事后，游酢便回到屋内，给陈了斋写信请他给父亲写墓志铭。写着写着，游酢不禁悲从中来，痛苦扼腕。他绕室转了一圈，照着拟定的稿子又推敲了一番，便把信装好，准备派门生给陈了斋先生送去。他又想起应找一位贤人来刻墓志铭，便又给杨时写了一封信。

所有事情都准备妥当之后，择了一个日子，游酢兄弟俩将父亲的灵柩隆重下葬，然后就在墓边结了个草庐进行祭拜。按照守孝旧制，父母死后要守丧三年，以报答父母养育之恩。

在富垅老宅守孝的这段时间，游酢埋首写出了《论语杂解》《孟子杂解》《中庸义》《豸山粹言》4本书。冠以“杂解”是谦虚的说法，其实这里面更多的是游酢本人毕生读取经书、钻研学问的自身见解，《中庸义》亦然。在阐释《论语》《孟子》和《中庸》的过程中，游酢除了继承二程的论述观点之外，还借鉴了许多其他先贤的真知灼见，糅合进了许多自己的见解，他甚至还引用了庄子的一些观点来论证万物生发草木蕃的理论。游酢和杨时对庄子的关注非常深，杨时在考取功名之前就潜心注释《庄子》，当时在京师和游酢互相交换心得体会，一时相谈甚欢。

而《西铭》一直都是游酢时时诵读的圭臬，张载的《西铭》文风瑰丽，汪洋恣肆，这部书是“推理以存义，扩前圣所未发，与孟子性善、养气之论同功”。张载在这部书里“把天称作父亲，地称作母亲，我与万物虽然渺小，但是同生在这天地之间，所以我的身体是充塞在天地之间的气质万物，我的根本人性（天地之性）是统率万物的太虚神应之气，而广大百姓和民众，则是我的同胞兄弟，自然界的万物则是我的亲密的伙伴。因此，我们要爱一切人，爱一切物，爱全宇宙，就像爱我自己的身体一样”。游酢抓住二程对张载的评价“道尽高，言尽醇”，与孟子性善说、修养论联系起来，与《中庸》联系起来，进行理解、阐发，认为《西铭》讲的义理，就是《中庸》所讲的义理，即乾父、坤母所赋予人的品性，也就是仁义礼智四德在人身上的体现。人的这种品性称“天地之性”或“天命之性”，或“义理之性”。人有了这种品性，人性就是善的。但是，因为人在后天禀有“气质之性”，理与气杂，人性也就有了善与恶，所以就有“存天理灭人欲”理论的提出。正是因为游酢这样理解，所以游酢在道德修养论上提出了“治气养心，行己接物”，即变化气质实现仁性复归的主张。程颢在世的时候就对游酢的这个理解倍加赞赏，说游酢对于《西铭》，不仅读得顺心，而且能在言外求其主旨，立起义理，这就是《中庸》的要义。

游酢在治经上、在梳理与发挥二程洛学上、在道德学问上业绩突出，深得老师、学友以及后学的肯定和赞扬。程颢说：“游酢天资聪颖，理解力强，可以进道。”程颐在杨时面前称赞游酢说：“游酢品德器质清纯，学问日见进步，真是我的畏友啊！”杨时也由衷地称赞说：“游酢领会恩师二程的学说很精辟、很纯正，他写的《明道语录》《伊川语录》也完全符合二程原意。”

在游潜公归葬地不远处有座宝应寺，抬头望去，但见山门前头的匾额上有四枚颜体的鎏金大字“宝应禅寺”。少年时，游酢就知道这长坪的宝应寺和江坊的木渎寺都是本地数得着的清修圣地，尤其是这宝应寺，更是相当出名。相传这宝应寺是五代后唐时期的无垢禅师所建，之后毁于战火，到了北宋开国以后，休养生息，长坪富垅的游氏宗亲合力重修了宝应寺，族中长者还募集资金在寺院的后面修建了一处读书堂。由于重建寺院所耗财力颇多，所以之后的修缮工作持续了很多年。一直到最近，宝应寺内外才初具规模，而读书堂的兴建更是耗费了族中长者的许多心力。

游酢见到这座读书堂旁临麻阳溪，泉水叮咚，沉吟片刻后，俯身缓缓写下《宝应寺读书堂成因怀明道先生》：

桥西积雪度新晴，卜筑茅堂快落成。
郁郁奇花铺野趣，关关好鸟和书声。
春浓岚色无边景，水净天光彻底清。
记得程门窗草绿，至今遐想每驰情。

游酢的视线从细处落笔，思绪跳跃腾挪，随着纷至沓来的高古典故，由读书堂和明道先生这两个主题所引发的浮想接踵而至，思绪自然地延伸到如沐春风的程门求学好时光。有别于当年程门立雪的艰辛与勤勉，“程门窗草绿”的清新意象如在眼前。自此，游酢就在读书堂中安心著述，遇有闲暇即往返富垅祖居照顾家小。

闽学滥觞世泽长

在宝应寺读书堂的日子，可以说是游酢一生中少有的快乐时光，没有案牍之劳形，家中的事情也有妻子和母亲操持，虽说日子过得清贫一些，他也乐得借此机会著书立说。不经意间，用来书写的字纸就已经告罄了。

此后，来自邵武的外甥黄中，还有来自京城的吕本中等一干青年才俊都陆续来到富垅求学。这位吕本中可是来历不凡，他就是元祐（1086—1094）年间的宰相吕公著的曾孙，据说他幼而敏悟，深得吕公著的喜爱。吕公著离世以后，宣仁太后和宋哲宗亲自去祭奠他，吕本中和其他兄弟晚辈一起排成队在庭下等候，宣仁太后只单独召见吕本中，并亲摸其头说道：“孝于亲，忠于君，儿勉焉。”意思说吕本中对长辈孝顺，对皇帝忠诚，是值得勉励的。

早年，吕本中过着诗酒风流的生活，效法陈师道、黄庭坚，诗风轻松流美。他在20岁左右的时候戏作《江西诗社宗派图》，第一个提出了“江西诗派”的称谓，在后期他又推崇李白、苏轼。他的词多为小令，题材范围偏小，偏重于个人情感的抒发，主要写离愁别恨、风花雪月、村色野景。这一次，他是在父亲吕好问的催促下，追慕游酢和杨时的学问，长途跋涉到福建来求道的。游酢见吕本中满腹经纶、应对得体，自然大感欣慰。此后，吕本中就和黄中他们一起在游酢门下学习了。

一日，吕本中问道：“老师，《易经》不是用来算卦的书吗？但弟子又听说《易经》中藏有治国安邦之道！”

游酢和颜悦色地说：“《周易》产生后很长一段时间主要用于占卜、算卦，在《春秋左传》中就记载了22个运用《周易》占卜的故事。到了汉代，《周易》得到汉武帝的青睐，由占卜之书而成为安邦治国、修身养性的哲学之书，称为五经之首、大道之源。《周易》是阐述八卦的重卦六十四卦之哲理，是由五行进一步推衍而来。二程先生秉承周濂溪所创太极图说、重阴阳辩证之理，遂有太极易说流传于世。”黄中和吕本中几个听到会意处，大喜，不由得俯身奋笔疾书起来。

看到大家读书有些累了，游酢说：“我们一起到外边走走吧！”大家连声说好。沿着蜿蜒的麻阳溪，游酢和弟子们且谈且走，吕本中说道：“果然闽中山水天下奇绝，先生富垅祖居地也深得天时地利。”“那是自然，我们这里山好水好人更好嘛！”黄中有些自得地说。吕本中不服：“不过我前些时日从分水关过来，听人说崇安九曲溪内风景绝佳，当为东南第一名胜，只是为了赶路，没有过去见识一下。”游酢闻言心下一动道：“找个时间，我们一同去见识一下如何？”众人闻言立马鼓掌赞同起来。于是，择一吉日，游酢就和游碟带着黄中与圆悟、克勤一干人等，曳杖跋涉，直奔武夷九曲而去。

在太学的时候，游酢常听到胡安国说距离他的家乡五夫不远有个堪称世外桃源的去处，其间山溪潋滟，曲水通幽，正是一个静心读书的好去处。游酢听后颇有些向往，但几次进京返乡都是匆匆过往，难得有机会亲身领略一下其中的妙境，所以这次能够前往也算是得偿夙愿了。

可能是性情使然，游酢和杨时自小就对老庄颇为心仪，杨时还曾经编撰过《庄子解》，他们对道教的玄机自然耳熟能详，武夷山历来被道教推崇为第十六洞天：升真元化洞天。得此清静去处，对于向来行事主敬、用心主静的游酢而言，自然安之若素、甘之如饴了。而杨时的来信，更激起了游酢心底由衷的欣悦，他对杨时的即将到来充满了期待。

一个月的时间倏忽而过，随着门下弟子的逐渐聚集，游酢有了在九曲溪畔建筑读书堂的想法。说干就干，花了半个多月时间，几间草庐悄然耸立，一众弟子总算又有了著书立说的好处所了。

挑了一个好日子，读书堂挂匾了，但见九曲溪的五曲之侧，

摩崖依然清晰的水云寮书院遗址

峰峦耸峙，崖壁斑斓，修竹摇曳，波光潋滟，匾额面上游酢手书三个敦厚古拙的大字：水云寮。游酢仰首注目良久，不由想起当年程门求学、如沐春风的况味。

快乐的时光总是如此短暂。在水云寮的快乐时光并没有持续太久，官府赴任的催促和对家人的牵挂，让游酢不得不抱着惆怅的心情离开了这片碧水丹山。

游酢离开九曲溪畔的次年，元符二年（1099年）七月，杨时才从长沙回到将乐老家，重新植兰竹于东西轩，并且随意赋诗一首：

柴桑衰晚爱吾庐，三径归来手自锄。
但得叔卿长饱饭，不妨孝若老谈书。
兰因采佩枝先瘁，竹为凌霜叶自疏。
留骨庙堂宁曳尾，鲁门无用祀爰居。

从诗中可以看出，杨时对于家乡的山水风物是多么的怀念，这其中也多多少少吐露出与游酢相同的依恋与乡愁。题诗完了，杨时意犹未尽，特别在一边加上小注：调官京师，逾年而归，兰竹皆衰悴，感而成诗。

虽然杨时未能成行游酢之邀，但是武夷山之行已经不可避免地成了他的夙愿。为了践行与游酢的约定，第二年杨时终于来到了武夷山，并且在随行笔记中详细写道：九月十六日，宿武夷山前。是日午到山前，买舟游山，遍览异景，至鸡窠岩而还。他还写下了畅游武夷的诗稿。遗憾的是，游、杨二人一生莫逆，学问文章多有交集，却始终未能在九曲溪畔同聚首。

但是，发端于游、杨二人的“闽学”自此滥觞，他二人的

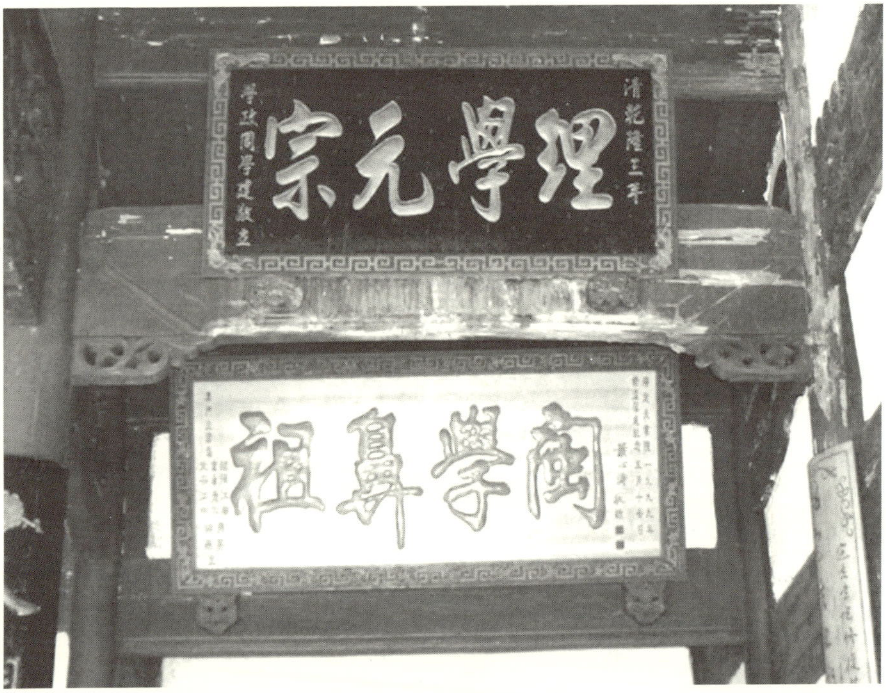

理学元宗　闽学鼻祖

学问同气连理、相得益彰，论证的逻辑方法多有借鉴释道义理的辩证思维，但偏偏不得于时，经常受到那些抱残守缺者的无端指责。

元符二年（1099年）春天，耽搁已久的东南就职之行终于到来了。因为对泉州当地境况不太熟悉，怕携妻带子多有不便，所以这次赴任游酢没有带上家中老小，沿建溪顺流而下，才半日行程就到了南剑州。这南剑州正当建溪和西溪（西溪由富屯溪和沙溪交汇而成）的交汇处，挟制水陆要冲。南剑州有闽邦邹鲁之称，在北宋天圣（1023—1032）年间，南剑州郡守曹修古就兴建学馆于西山，这在当时大宋朝的举国州郡中是首屈一指的。一直到庆历三年（1043年），北宋朝廷才下令天下州县都要办学校，这已经与曹修古当年的壮举相去将近二十年，所以这才有了“独先天下兴州学”之说。

第六章

铁面御史　又别京师

因言行、能力与治学等成就出众，游酢再次入京，担任监察御史一职。任上，游酢怀着满腔热情，上书《论士风疏》，强调士大夫廉洁奉公的重要性。然而，受党争的牵连，游酢最终又是外迁出京。

纠风奏疏

这次游酢到泉州是担任签判的职务。宋代各州、府选派京官充当判官时称签书判官厅公事，简称“签判”，掌管府衙的诸案文移事务。

人生不相见，动如参与商。转眼一年时间即过，游酢接到两份文书，一封是杨时的来信，杨时在信中说，他已经到了建阳县丞任上，与游酢的叔父游复过从甚密，大有相见恨晚之慨云云。

另一封是东京来的诰书，诰书上分明写着：

> 游酢监察御史　敕具官某：凡有职于成均者，皆士之秀也。尔以学业之茂，获与兹选，勉修其行，使士大夫有观焉。可。

在监察御史的任命书里对游酢的言行、能力赞赏有加，其中还特别提到了游酢在治学方面的成就。

已经习惯于宦海辗转的游酢知道，短短年余的泉州之行即告结束了。在这个不长的任期里，海边黎民的生活状态给了他非同一般的观感，尤其是泉州海外贸易的繁荣程度，大大超出了他的想象，泉州的独特景观与人文给他留下了深刻印象。

游酢到了京师，去吏部交割之后，就急火火地往范纯仁家中赶去。此前已从范纯仁长子范正平的家书中获悉，说是老人家在永州历经病痛，导致双目失明，所幸未久宋徽宗即位，得以重返京师，并复职观文殿大学士，充中太一宫使。

到了范府，就着卧室昏暗的灯光，游酢看到了憔悴至极的范纯仁，这还是当年那个正气昂扬的范夫子吗？游酢深深地叹了一口气。游酢第一次见到范纯仁就觉得他的行事作风和叔父游复非常相似。游复经常挂在嘴边的是“宁可天下人负我，不可我负天下之人”。而范纯仁听从他父亲的教诲，待人平易忠恕，“但以责人之心责己，恕己之心恕人，不患不到圣贤地位”。

在建中靖国元年（1101年）正月的一个下午，饱受病痛折磨的范纯仁酣然睡去，再也没有醒过来。

范纯仁的溘然长逝给游酢以极大震动。历来，游酢都是把矫正士风作为自己的毕生追求。他以为“廉耻之俗，忠义之风”全以士人为转移。假若士人不肯洁身自好，与一般官僚同一卑污，风俗绝不会纯正的。要矫正士风，须当提倡清议。此举还当借官府的力量，官府竭力提倡于上，使地方人人皆知清议之所在；士人为清议所束才知有所守，才不敢同流合污，而士风自正。士风正了，平日讲廉耻忠义的人多了，一旦国家有事，自有可用的人才了。心有所思，下笔成文，几乎就是一夜之间，游酢就写好了《论士风疏》。身为监察御史，游酢第一次感觉到肩上责任的重大！

从秦朝开始，监察系统就是一个独立于行政体系之外的监督机构，从上到下，独立运作，单独对皇帝负责。但是，这样的监察体系，每每跟王朝的命运相似，其兴也勃，其亡也忽。开始都管用，走到后来，都不管用。即使个中出一两个具有理想主义的御史，敢于碰硬，敢于弹劾权臣，结果一般都是拿自己当鸡蛋撞到了石头上。

按道理，监察御史的监察权限不可谓不大，可以不受限制地调查，可以闻风弹劾，无论多么直言不讳，一般都不会受到追究。御史查案期间，无论多么大的官员，都不能干预，也没法干预，除非你能说动皇帝亲自下令停止调查。而且，只要御史的弹劾文章上去，哪怕只有那么一丁点影子，涉案官员的官职一般都不能再做了。

然而，监察御史虽说独立于行政体系之外，但他们也是官员，出身、来路都跟普通官员没有太多区别。而且做完了御史，也会进入行政体系继续做官。御史跟一般官员有着千丝万缕的联系，有同年、同乡、同学和亲友，关键是，他们之后的出路，也许就在他们眼下盯着为难的官僚们的掌握中，事做得太绝，后路就断了。况且，御史也是人，也有弱点，官员需要的东西，他们也需要。因此，监察权逐渐成为御史们争权夺利的工具。

范纯仁走了，杨时、陈瓘和胡安国他们都远离京师，周邦彦又忙于宫中事务，游酢可以商量事情的人还有谁呢？他想了一想，黄裳不是还在中书门下任职么？心念至此，游酢立刻直往中书门下而去。

作为一个老于世故的聪明人，游酢的《论士风疏》黄裳读了一遍就知道其中句句都说到了要害，但是话说回来，即便是交到了皇帝手中，又能够起多大作用呢？说实话，黄裳的心里并不看好。

自从元丰五年（1082年）状元及第后，黄裳一直都在京师磨勘迁转。立朝为官，在天子跟前进退腾挪必然学得谨小慎微，面对内外朝臣时的应对裕如，越发使得他老于世故。久而久之，这位当年颇有几分仙气的大才子，逐渐演变成了一位四平八稳的官场老手了。可能是受了游酢刚烈气势的鼓舞，他这次居然与游酢联袂递上奏折，也算是平生最大胆的举措了。

黄裳递上奏折的第二天，徽宗就在朝堂之上宣游酢进见了，不知深浅的游酢抱着满腔热情，开始在满朝衮衮诸公面前诵读他的《论士风疏》：

臣闻天下之患，莫大于士大夫无耻。士大夫至于无耻，则见利而已，不复知有义。如入市而攫金，不复见有人也。始则众笑之；少则人惑之；久则天下相与而效之，莫之以为非也。士风之坏，一至于此，则锥刀之末将尽争之，虽杀人而谋其身，可为也；迷国以成其私，可为也。草窃、奸宄、夺攘、矫虔，何所不至，而人君尚何所赖乎？

古人有言：礼义廉耻，谓之四维，四维不张，国非其有也。今欲使士大夫人人自好，而相高以名节，则莫若朝廷之上，倡清议于天下。士有顽钝无耻，一不容于清议者，将不得齿于缙绅。亲戚以为羞，乡党以为辱。

夫然，故士之有志于义者，宁饥饿不能出门户，而不敢丧节；宁厄穷终身不得闻达，而不敢败名。廉耻之俗成，而忠义之风起矣。人主何求而不得哉，惟陛下留意。

游酢的这一番论述振聋发聩，在文章中特别点出了士大夫阶层廉洁奉公的重要性。作为能够集中反映朝野意见的代表阶层，士大夫的行事作风拥有无可置疑的表率作用，所以说清廉的士风对于社会发展的引领作用是不可或缺的。而要端正士风，朝廷必须“倡清议于天下”。

有心整顿朝纲的徽宗，当时自然也颇有感悟，奈何整个朝廷上下并不与这位君上一般心思。北宋王朝在承平日久的浑浑噩噩中早已积重难返了，所以《论士风疏》中所担心的种种恶果，在不久的北宋末朝终于成为现实。

这年秋天，游酢收到杨时的来信，杨时说游复也去世了，在建阳权知县丞的杨时为游复撰写了墓志铭，至于行状，当然是要留给老人家的得意学生游酢来抒写。眼看自己爱戴的亲人和尊长接二连三地离世，游酢内心的伤痛无以言表。

又别京师再不还

哲宗元祐八年（1093年），高太后病逝，哲宗亲政。蔡京的弟弟蔡卞复为中书舍人，兼国子修撰，他与曾布等人以王安石所遗《日录》为依据，较客观地编撰了《神宗实录》，对此前诋毁王安石变法之词加以批驳。亦因此使元祐大臣吕大防、范祖禹、赵彦若、黄庭坚等保守派皆获谴遭贬，而蔡卞也由此升任翰林学士，并一路升到尚书左丞，他与章惇等人在“绍述”的名义下，力主恢复王安石新法。而蔡京对王安石十分敬仰，对他的新法很有研究，王安石去世8年后，蔡京还继续宣传和介绍王安石新法，使王安石的遗志有人继承。

但是，蔡京的所作所为，在陈瓘等不同政见人士的眼里就完全变味了。虽说游酢和陈瓘过从甚密，但是一旦牵扯到党争，以游酢清高的脾气是断然不愿意去其中蹚浑水的。到了徽宗建中靖国元年（1101年），谏官陈瓘、任伯雨等人联合弹劾蔡京劣迹。这些清流们的异动激起了蔡京的疯狂反扑，此刻在赵佶面前讲话极有分量的他祭出了“元祐党人”这个撒手锏。蔡京为了自己把持朝政，就给反对他的司马光、苏轼等309人扣上“元祐奸党”的帽子，在端礼门树立“党人碑”，上面刻写党人之名，昭示全国。被刻上党人碑的官员，重者关押，轻者贬放远地，非经特许，不得内徙。

对于权势熏天的蔡京而言，游酢也属不识时务的“圈外人”，然而，蔡京对于游酢的才华却很推崇，加上游酢的敦厚作风也颇得同仁称许，所以尽管游酢师出程门，又耿直敢言，却没有被打入“元祐党籍”。不过，京城是待不下去了。游酢被外放到和州（今属安徽）任知州。

赴任前，游酢去了一趟大晟乐府，周邦彦依然是那里的主管，在这座许多外人看来是向阳花木易为春的所在，周邦彦的内心深处依旧寂寞，游酢的到来让他看到了冥冥中的一点希望。常年在皇帝和后宫佳丽身边行走的他，早就厌烦了朝廷上下的勾心斗角，他把所有的精力都专注于求仙炼丹上了。游酢想不明白，曾经那么风流倜傥、洒脱豁达的周邦彦怎么就成了这副模样呢？有时，人的痴迷确实是一件非常可怕的事情。

看到游酢来访，身体每况愈下的周邦彦挣扎着起来写了一首感言诗。

读了周邦彦的诗后，游酢只好劝慰他莫要慌乱，先把服食的丹药停了再说，然后再以打坐调息的方法来缓解身体不适。

游酢在二程门下潜心理学多年，对于打坐裨益身心的道理深有体会，所以他平心静气细细将打坐的关窍说与周邦彦听。养在深宫内院，贵为帝王之师，周邦彦可能太早享尽了一生的福分，所以尽管游酢全力施为，但遗憾的是，对于已经积重难返的周邦彦也不过是多拖延些时日罢了。

文肅堂
立雪程門
道南立雪仰程門
閩北高風傳理學

第七章

大儒辞世　终还公道

在即将进入古稀之年，游酢再次出知濠州，但不久又因受牵连而被罢官。宣和五年（1123 年），一代大儒游酢因病逝世，留下褒贬不一的声名。今天，诸多学者为游酢申冤，歌颂他倡道东南的壮举。世人终于还他了一个公道。

归去来兮

宋徽宗建中靖国元年（1101年）五月，50岁的游酢又一次离开京城，赴任和州知州。这个任命算得上是不偏不倚，年届知命之年的游酢已经心无旁骛，他甚至都没有和京城里的亲朋故旧道别，就轻装便行直奔和州而去。游酢清高的性格，注定了他不会搞拉帮结派、团团伙伙，在他的道德高地里只有道义才是可以托付终身的追求。这倒不是因为他在政治上不成熟，而是因为他对由名利所裹挟来的种种龌龊伎俩，有一种天然的唾弃。

和州古名历阳，地处皖东，因“县南有历水”而得名，向为江淮水陆之要冲，东南与裕溪口紧连，南与无为县接壤，西与含山县接壤，西北与全椒县毗邻，交通便利异常，历来就是兵家必争之地。

到了州衙，游酢才从衙役的口中得知，距离和州衙门不远的地方，就是1000多年前西楚霸王项羽拔剑自刎的乌江。游酢心下暗暗自嘲：要在这个霸王当年走投无路的地方掌管一个州的百姓生计，看来压力不小啊！

依仗得天独厚的地理位置，和州一向比较富裕，当地的赋税钱粮任务也相对轻松一些。没过几日，游伪就带着一家老小从汴梁辗转到了和州，陪同来的还有曾开和陈洸，更让人欣喜的是，侯仲良也来了。自从程颢过世之后，侯仲良除了与程颐过从甚密之外，就是在外游学奔走，日子过得颇为艰辛。

多年之后，游酢能够遇到侯仲良，自然大喜过望。因为侯仲良的父亲侯可也是一代大儒。侯可的“华学”是他在“博极群

书”“贯涉万类”的基础上，吸纳各个学派，借鉴诸学成就，经过自己独立思考，继承和创新儒学而成的早期理学。

在离别恩师的日子里，游酢在官宦和家事之间往来奔忙，能够潜心做学问的日子委实不多，加上道学流传基本靠的是口耳相授，对于学问之途中的疑难往往莫衷一是，无法追根溯源。侯仲良的到来，让游酢有了难得的正本清源机会。

当年游酢在二程门下求学，作为程门立雪事件的亲历者和记录者，侯仲良除了在他们求学之途上给予帮助外，对于他们的生活起居也是多有照顾，这一点游酢也是时时铭记于心。

崇宁四年（1105年），游酢得到了管勾南京鸿庆宫的闲职。宋朝皇帝崇尚道教，在京城内外建立了许多宫观，在京者为京祠，在外者为外祠。宋真宗命宰相王旦玉清昭应宫使，为宰相兼宫观使的开始。随后外戚、宗室和宰执罢官留京师，多任宫观，疲老不能任事而又未致仕的官员也多任此职。于是形成制度：凡大臣罢现任，令管理道教宫观以示优礼，无职事，但借名以食其禄，称为祠禄。

过了知天命之年的游酢对那些荣辱之事早已经看得淡了，这次管勾鸿庆宫就是他期盼已久的好归宿，他更加能够体会到当年陈大卞的心情。宋朝设宫观之官、行祠禄之制首要目的在于“佚老优贤”。它是宋王朝优待官僚士大夫的政策表现之一。给予年岁已高的官员祠禄使之就闲，无异于由朝廷宣告其退处江湖，告别现实政治领域。当然对于确有才干、政绩突出的年岁已高的大臣，与之祠禄则又是朝廷褒扬感情的真实表现，对于迟暮之年的一代名臣给予祠禄之职，是官府充分肯定其丰功伟绩的行为。

虽说赋闲在家，游酢的日常起居依然严谨有序。每日晨光熹微即起床洒扫庭院，家中长幼亦步亦趋，用过早饭即潜心冥坐，不敢稍稍懈怠。吕夫人虽然年事日高，仍将家里家外事无巨细，一应操持。

到了晚年，游酢愈发通脱，在解释经典之时，常拿佛家和道家的话来解释一些道学理念，思想开放，是从来儒者所未曾有的，也是他们所不敢说的。后世的胡宏因为其他一些不好明说的原因而苛责游酢为程门罪人，或许正是发端于此。

罢官濠州

接到出知濠州任命的时候，即将进入古稀之年的游酢早有心理准备，按照宋朝地方官员磨勘迁转的规矩，当地行政主官沿例调动是常有的事情。他心下不太平静的是，家中老小又要辗转迁移了，原来最放心不下的是双亲的身体状况，现在自己的健康却成为一大家人的焦点。

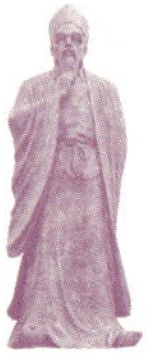

在濠州任上不久，他就因为下属的过失而被罢官。但要命的是朝廷取消了他的宫祠俸禄，这成为他后来贫病交加、穷困潦倒的直接原因。

游酢虽然始终对参禅悟道保持着浓厚兴趣，但是这并不意味着对百姓疾苦、国家兴存毫不挂心，恰恰相反，他一心系国，然而只能将满腔热血消耗于仕途的奔波和忧患之中。

游酢作为北宋王朝一个并不特别的人物，与宋代的灭亡并没有什么直接的关系。然而，他若即若离的这种姿态在某种意义上其实就是对朝廷姿态的一种反思。当然，这样说未免有些言过其实，不过反观历史上那些不计其数的隐士，绝少像游酢这种清醒而独立的人格，他是遁迹于红尘俗世的远游先生。

北宋的儒道两家学者均以性之二分法来解决人性善恶难题，既反映了儒道思想的交融，也反映了时代精神的共性。

游酢也是如此，他的《感事》诗正是晚年时对自己的一生总结性的写照：

世事浮云薄，劳生一梦长。
散材依栎社，幽意慕濠梁。
风急鹰鹯迅，霜浅草木黄。
投闲如有约，早晚问耕桑。

晚年身居异乡、远离故土的游酢在旁人面前从不假以辞色，只能从他的作品中去追忆他低沉哀婉的情感。

在学问一途，谢良佐和游酢一样以孔子“下学上达”一语为功夫。下学即洒扫应对之事，学者于洒扫应对做得安稳，则细而正心、诚意，大而治国平天下，皆是一理。但不可徒腾口说，须从事实上切实做去，遇到困难时更要加鞭，功夫做得久了自然渐进于纯熟。他自己与伊川相别一年，只去得一个“矜”字，即是这种功夫，所以伊川许他以“切问近思”了。

人到孤寂思知己，越到晚年，游酢和杨时之间的书信往来越频繁，游酢把杨时为学的言论也细加梳理：一为性论说，二为修学说。他论性大抵引申明道的说法而兼采横渠之说。大意谓：人禀五行二气以生，阴阳二气原是善的，故性没有不善。人性之善乃人性之常，成形以后所以有不善者，如刚柔缓急之类，是气质之偏处，反了常性。人之常性无不善，如水原没有不清；后来因气质之偏而有不善者，犹如水含了泥沙所以浊了。水因泥沙而浊，浊究非水之本性，泥沙澄去则水自清。吾人因气质之偏而有恶，恶究非吾人之本性，只要矫正气质之偏，自然得性情之正。

杨时认为，矫正气质之偏并非用计巧、争胜心所能成功，只要率性而行就是了。率性而行即是循天理，能够处处循天理，没有不善的。游酢认为求学的目的在“学圣贤之所为”，求学的方法在“闻圣贤所得之道”，所谓安贫乐道是也。天下物类万殊，游酢深知个人不可能兼收并蓄，所以他教导弟子：万殊的物类必有一定的法则，这个法则全备在吾人的本身上，只要在本身上找得出一个定律来，必能触类旁通，一以贯之。由此看来，为圣贤的功夫虽有许多层节，其实只在本身上体贴，倘反身而诚，则天下之理可得。换一句话说，要以诚意为本，使心知不乱，由此而体验之，自能“闻圣人所得之道”。

到了垂暮之年，时时独对夕阳，游酢的内心波澜起伏，前些日子他唯一的女婿杨遹带来杨时新整理出来的二程言论。游酢翻来覆去看了好几回，仿佛有种时光倒流的感觉，当年意气风发的青年才俊，辗转南北追求为学之道、为生之道，那种坚忍和执着，在北宋末年的一次次政治变故和党争构陷中被磨蚀打击，但却从未消逝。

万古悲风车辕岭

宣和二年（1120年）的夏天，游酢的夫人吕氏走了。她走得很安详，为维持整个大家庭的吃穿用度，这位善良女人辛苦操持了一辈子。游酢清醒地知道，自己的生命正一点一点地被抽空。他想呐喊，他想发怒，但却又在冥想中无可奈何地衰弱下去，黯淡下去，一点办法也没有。

此刻，作为可以仰仗的莫逆之交，杨时的日子也不轻松，虽说东林书院已经创办将近十年，随着入学儒生的增加，也隐约有些模样了，但倡道之途却依旧不容乐观。在徽宗“丰亨豫大”的太平美梦蛊惑之下，北宋末年社会各阶层的精神需求日渐沉沦，种种醉生梦死、奇技淫巧的享乐精神充斥于民众的“集体无意识”之中。

受教于二程，肩负传道授业的光荣使命，游酢和杨时当然知道责任重大，而且深谙其中酸甜苦辣。对于源远流长的教育传统，他们感悟至深，他们知道只有兴办书院，才能够将洛水一脉的道统很好地继承下去，进而发扬光大。

游酢矢志创办书院的想法在胡安国身上得到了继承，胡安国在创办碧泉书院时，就是想以此为治学之所，专心治《春秋传》。他治学的特征是把春秋义理与南宋时的民族文化复兴运动结合起来。这一点在其子胡宏身上更得到了体现。

虽然胡宏对于游酢在晚年参禅有误解，曾经说过“游定夫为程门罪人”这样的话，但是学问之道，互相评判也是可以理解的，苏东坡曾经也说过“孟子为孔门罪人”这样的话。另外，胡宏对于游酢的不理解，或许也缘于爱才的游酢曾经将秦桧引荐给胡安国。待到后期，秦桧的丑恶行径渐行于天下之时，秦桧又多次征调胡宏去做官，遭到后者的断然拒绝，胡宏还给秦桧写了一封回信以明心迹。胡宏把学术看作成就自己、流芳百年的事业，

其中透出的睿智和远见，其实和游酢当年的内心诉求相比，倒也庶几近之。

此后，胡宏在碧泉书院教育中秉持“以仁致用”，求其“精微”“力扶正道”等理念，率然展现了“衡麓学风”不计利禄、一心求道的追求，这和游酢的毕生追求其实殊途同归。

或许是为学观点的接近，胡宏的学生张栻对游酢的评价却相当高，张栻认为：“考其师友所称，味其话言所传，则夫造道之深，流风之远，盖有可得而推者矣。”意思是通过游酢的行事作风和流传下来的言语，似乎从中看不到他的老师对他的影响。

游酢毕生倡导“己所不欲，勿施于人，行有不得，反求诸己”。这一点就是《中庸》所表述的“博学之，审问之，慎思之，明辨之，笃行之”的意思。教育的过程可以复杂多样，各种方法充溢其间。但是总的来说，学习不外乎这五个基本的行为要求。由于书院的教育更多的是重视对儒家经典的阅读，游酢这种活学活用的治学思维足以开一代风气之先。

宋代的士大夫参详佛家经典可谓大行其道。胡安国和陈瓘推崇二程的学问但也接受佛家思想。其他儒家如韩琦和范仲淹都对禅宗有很深造诣，司马光的弟子刘安世说：“先生（司马光）对于佛法极通晓，只是没有公开说出来罢了。”

至于苏氏父子（苏洵、苏轼、苏辙）的蜀学，更与禅宗有密切的渊源。苏洵问法于云门宗的圆通居讷，深得其旨。苏轼问法于东林常总，论无情说法句而有省，又谒玉泉承皓。苏轼、苏辙均与佛印了元交厚，屡有酬唱，与之交情深厚的黄山谷更是时时以黄老之学自适。

而游酢晚年参佛，究其根本还是为了悟道，不附和宋徽宗推崇的怪力乱神，这种淡泊和无畏正是源于他的坚守，源于他一生都不肯趋炎附势的那一份清高！

在晚年，身在东林书院的杨时曾经给游酢写信自明心迹：伊川先生在世的时候，世人都认为他很“迂怪”，并且嘲笑他。现在，有头脑清醒的人开始信奉先生的学说，但是先生已经不知道了。先生的语录到处都有流传，但是其中不真实的也很多，我想收集整理，删去重复的和可疑的。你正好闲居无事，可以多多寻访查找，防止遗漏。听说朱教授在洛阳一带，有许多先生的语录，康侯那里也有，康侯那里我得便会写信去问询，他日再互相校对，稍微整理加工，汇总合成一本书，这样得以流传，也算是我们的一点贡献吧！先生门下弟子，只有我们二人还健在，不得不担起这个职责啊！

位于建阳游酢陵园的游酢公墓

但是，自从夫人吕氏走后，游酢的身体也每况愈下，到了宣和五年（1123年）的五月二十三日，终于一病不起，溘然长逝。

直到次年，远在他乡的杨时才得到噩耗，不由悲痛欲绝。十里桥边杨柳路，魂梦常怀与子居。曾经与游酢一同问道的场景如在眼前，杨时缓缓闭上了自己的眼睛，那个执礼甚恭、不苟言笑的少年游定夫，那个才华横溢、问道求索的青年游定夫，那个疾恶如仇、挥斥士风的壮年游定夫，那个世事勘破、笃定畅达的老年游定夫，意态从容地在自己的眼前身后，走过来，踱过去。但不论杨时如何叫他唤他，风度翩翩、独来独往的定夫兄就是不肯回应一声。

终还公道慰先贤

游酢过世之后，他在含山开办的学馆不久就悄然解散。在嫡传弟子中，曾开和陈冼继续传播理学思想，但由于种种原因渐渐式微；外甥黄中官至端明殿大学士。作为朱熹的授业恩师之一，游酢的思想通过黄中这一脉在朱熹的学说中得到了较好的传承，同时也通过胡安国的传承，影响了之后声名大噪的湖湘学派的道统。

游酢的生死至交杨时则先后在江苏无锡和故乡将乐等地创建东林书院和龟山书院，传播闽学和洛学思想，被东南学者称为洛学正宗，罗从彦从其学，李侗从师罗从彦。朱熹师从李侗，成为宋代理学的集大成者。

乾道六年（1170年），朱熹创建寒泉精舍；淳熙六年（1179

年）在江西庐山重建白鹿洞书院；绍熙五年（1194年）在湖南重修岳麓书院。朱熹通过书院为基础来研究和传播游杨毕生倡导的洛学思想。

朱熹在一副楹联中开宗明义地指出，他创立的理学与游酢、杨时共同创立的闽学，乃至二程以降的洛学，一直上溯到周敦颐的濂学之间的渊源传承关系：

道南首豸山，学共龟山同立雪。

理窟从洛水，本归濂水引导源。

北宋开国之后的600多年间，是儒学在春秋战国之后的另一个黄金时代。在春秋战国时期，因为孔孟之道的兴起，奠定了儒家学说的义理纲维。孔子继承了中国古代传统的学术，整理了《诗》《书》《礼》《乐》等经书，并由此阐发个人对于生命和精神的理解。北宋的周敦颐经过自己的深入体悟，掌握了先秦

位于延平区南山镇凤池村的豸山书院

儒学的真精神，他以《中庸》所说的诚来对比《易传》所说的乾元，体会到人的仁义礼智是天道的呈现，人的成圣追求和天道的客观要求是一致的。此后，宋代儒学到了程颢、程颐兄弟手中，更是得到了很大的发扬，他们将从周敦颐处得来的学问，再花了十多年时间进行深入研究体会，形成了自己的思想体系。

游酢作为二程先生门下重要的私淑弟子，与谢良佐、吕大临和杨时并称为程门四大弟子。游酢在记录二程言行的时候，也是谨遵“述而不作”的古训，基本上是原汁原味地记录，没有做太多的个人发挥，所以他的记叙应该是更加翔实可靠的。

另外，游酢的书法艺术也在中华书法史上占据着重要地位。北宋年间是文化名家辈出的年代，书法名家也不例外。在被后世书家奉为高山仰止的 “苏黄米蔡”宋代四大书法家中，苏东坡比游酢大 16岁，黄庭坚比游酢大 8岁，米芾比游酢大 2岁，蔡京（后来由于蔡京名声不好，便以蔡襄代之）比游酢大 6岁。从人生经历来看，游酢与他们多少都有所交集。由于各种原因，游酢书法之名不显于“宋四家”，但他的书法成就能够入选“宋七家”，可见其书法艺术造诣之深。

到了明朝，在书法典籍《拟山园帖》第一卷里，书法家王铎就把游酢与著名书法家怀素、高闲、高宗并列，由此可见游酢在中华书法史上的地位。

游酢的楷书结体谨严，法度森然，充分展示了其沉着痛快的书法风骨。现存于福建省邵武市李纲纪念馆的将乐石碑刻《宋承议郎吴君墓志铭》，便是游酢手书的楷书精品。其书写畅达，既有楷书的厚重，又具行书的明快，其书风远承“二王”（晋代书圣王羲之及其儿子王献之）源流，不逊唐楷风骨。

游酢书法承袭晋唐诸大家，远追王羲之、智永、徐浩、颜真

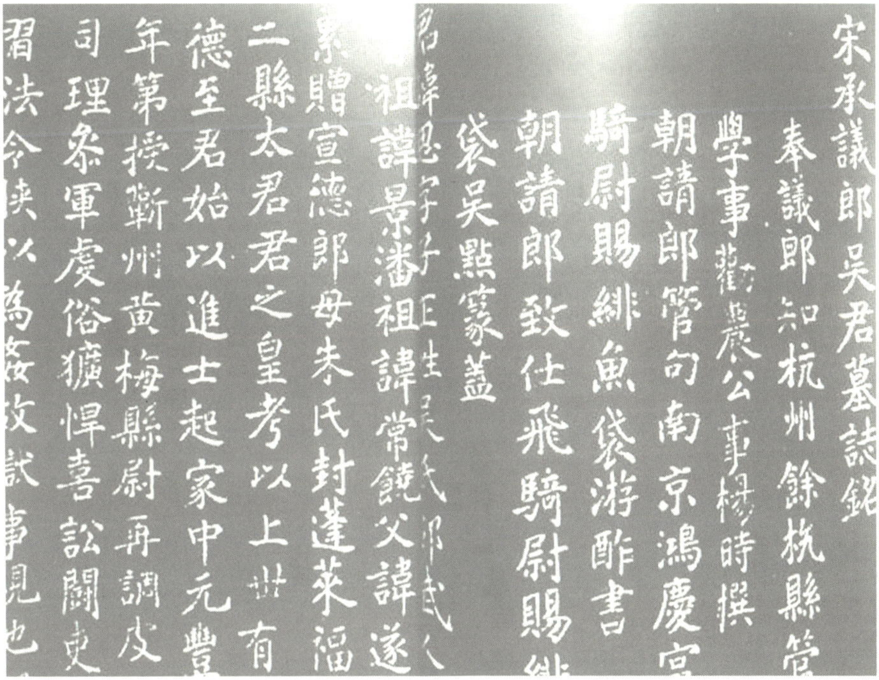

宋承议郎吴君墓志铭

卿、柳公权、李邕。草书尤得力于张旭、怀素、陶弘景。游酢草书奇谲多变，幽深难测。他创造性地将草书推向“飘风骤雨惊飒飒”难以蠡测的境界。细观之下，他那风驰电掣般的书写节奏扣人心弦，产生看似寻常实则不平常的神奇效果。他的草书作品在运笔上铺毫抽锋，极富弹性，巨细收敛，变化无穷。在《宝贤堂集古法帖》的《寄友杨中立二首》法帖中，我们可以较为完整地欣赏游酢草书的鲜明特色。

游酢的禅意书法，在于强化了书法的表情达意功能。游酢以由二程以降的文化道统为主脉，同时融汇了佛、道思想，并践行于自身的书法境界中，使其书法在已有的体势开张、气势博大的基础上，更融入了拙朴浑厚与轻灵飘逸等要素，进一步丰富了游酢书法的精神文化内涵。游酢以禅入书，尚意风格将它有机结合

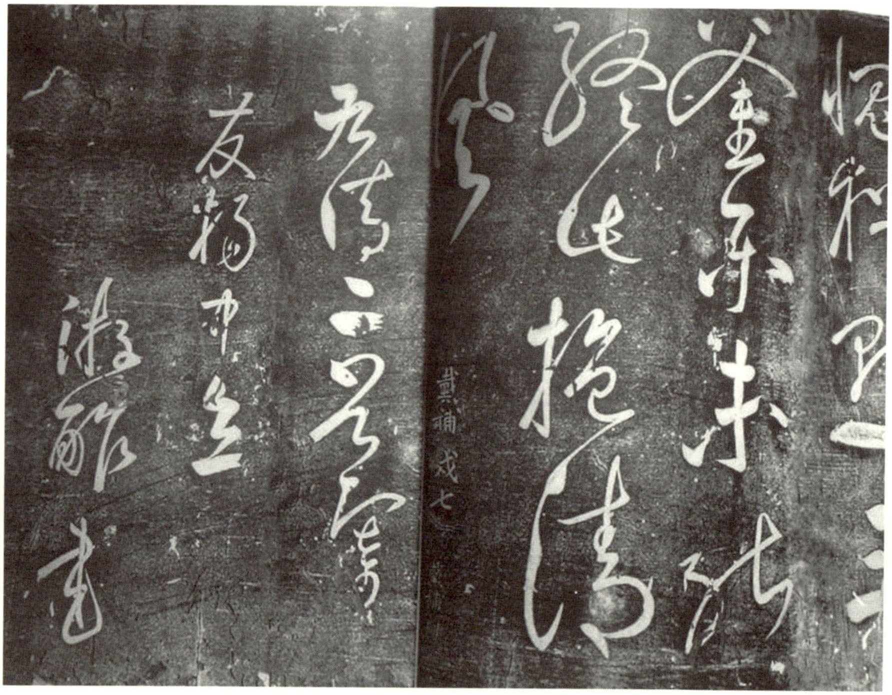

游酢手书《寄友杨中立二首》

在一起，形成一体，推动书法由“尚法”向“尚意”的划时代转变，为尚意书风在宋代书坛大行其道推波助澜，对宋以后书法发展意义深远。

“东周出孔丘，南宋有朱熹。中国古文化，泰山与武夷。”这首诗出自著名历史学家、中国思想史研究专家蔡尚思教授，他对中华文化的传承做了较为形象的概括。

明灭仿佛间，世事已千载。历史的车轮进入21世纪，厦门大学哲学系教授高令印为先贤鸣不平，要求恢复游酢在中国文化史上应有的地位，他特地撰写了《游酢评传》等专著，全面论述了游酢的理学思想，阐述了游酢在中国文化重心南移中所起的作用和功绩。

中国古代社会于唐宋时期由前期向后期过渡，政治、经济、文化重心由北方向南方转移。据经济史学家研究，经济重心南移至北宋后期已接近完成，至南宋则全面实现。文化思想是社会经济政治在观念形态上的反映，是为经济基础服务的。因此，随着经济重心的南移，文化重心也必然南移，并改变和提高其形态。

后世对游酢的冷落，有其客观和主观原因。游酢卒于北宋灭亡前3年的徽宗宣和五年（1123年），他所生活的年代正值社会动荡、北宋王朝由盛转衰的历史阶段，官吏逐利，百姓奔命，人心浮动，潜心向道者寥寥，游酢及其弟子的学说无人问津，因而其思想体系得不到系统地传授与发扬。而杨时卒于南宋建立9年后的高宗绍兴五年（1135年），当时的南宋朝廷正值重整社稷之际，社会各阶层的人士痛定思痛，都希望能够从南传的道统思想中找到匡扶人心的济世良方，所以对倡导“修身、齐家、治国、平天下”的道学格外关注。作为道学南传正脉之一的杨时，得到了朝野上下的推崇，他先后被皇帝选为“侍讲”和担任其他要职，并且奔走各地游说，提出激烈的抗金主张，建立了深厚的民众基础。杨时在世时，就传授弟子1000多人，再传及三传弟子刘勉之、朱松、刘子翚、李侗、朱熹、张栻、吕祖谦等，在学术和政治上都拥有广泛的影响力，因而使杨时的学说得以发扬光大。

而游酢因为去世较早，其门下弟子没有形成集体核心，他本人的重要论述和学说也没有得到完整地梳理与保存。据陈其芳先生考证，今存游酢著述不及原有的十分之一，明人徐㶿甚至说，现存游酢著述仅百分之一。虽然这些观点可能有些夸大，但是其著述大量佚失是肯定的，这就对于全面认识和评价游酢造成了一定的困难。

遥想游酢与杨时当年矢志不移，为载道南来筚路蓝缕、不辞辛劳，诚可感人。“道南理窟”是武夷文化兴盛的源头活水，“若非载道来伊洛，安得传心到考亭”，没有游酢与杨时为道学南传付出的努力，作为理学集大成者的朱熹的成就是很难想象的。此后，中华文化源远流长的儒、释、道三大形态开始汇集于闽、浙、赣交界的武夷山麓，并由朱熹将其融会贯通，形成了完整的程朱理学体系，并被元明清三朝采纳为官方哲学，完成了中国古代社会由前期向后期的转变，程朱理学也因此影响了东北亚人类社会800多年的进程。

对于当下游酢的研究，台湾知名学者蔡仁厚先生曾做出这样的评价：“还先贤以公道。”依据历史的客观进程来看，在中华民族文化存续、转变的关键时刻，我们福建先贤游酢、杨时排除困难，砥砺前行，到二程门下求学问道，并留下了“程门立雪”的佳话，为中华文明的道统延续做出了重要贡献。

南宋的理宗皇帝为表彰游酢为道学南传所做的重要贡献，亲

位于游酢陵园的文肃堂

自题写赞词：

> 皇天眷命，泰运南旋。祈我邦国，亿万斯年。伟哉圣道，先载南传。允矣君子，德业精专。春光融融，秋月娟娟。泰山之峻，河海之渊。先生风教，丽日中天。四方其训，朕有赖焉。

游酢、杨时等把道学（理学）传播到南方，为中华文明的生存发展做出了卓越的贡献，对于中国古代社会后期以至东亚近古的文化昌盛，都有重要影响。

诚如厦门大学哲学系主任高令印教授所言：游酢是中国宋代卓越的理学（哲学）家、政治家、教育家、文学家、书法家，在中国文化发展过程中起了继往开来、承前启后的重大作用，应享有崇高的历史文化地位。

“卓彼文靖公，早立程门雪，载道归东南，统绪赖不绝。”这是元代谢应芳对杨时传承二程理学的高度赞誉，杨时于南宋绍兴五年（1135年）去世，“文靖”是他的谥号。但是历史的烟尘却让另外一位与杨时并驾齐驱、堪称一时瑜亮的程门弟子归于沉寂，他就是谥号文肃的游酢。如同一枚硬币的两面，离开了游酢谈杨时是不够完整的，离开了杨时谈游酢内容必然是空泛的。彼此见证的文肃公和文靖公，正是由于他们的坚持和操守，我们中华文化的血脉得以源远流长、百折萦回，千载有遗响，统绪赖不绝！

后 记

福建，山海相拥，人杰地灵，人文荟萃，英才辈出，产生了许多伟大的思想家、文学家、教育家、科学家和民族英雄、爱国先驱、革命将士、时代楷模。他们的教育成长、道德品行和思想文章，是福建的宝贵精神财富，教育和激励着一代代福建人努力学习、奋勇前行。福建省社会科学界联合会组织编写的“福建历史文化名人丛书”，以福建历史名人为题材，古今结合，意在从高处着眼、从基础着手，普及人文社会科学知识，促进人文道德养成，使社会科学知识走进大众、走进生活、走进现实，让更多的人了解福建历史名人，弘扬优秀传统文化，增强福建文化影响力和感染力，为建设文化强省添砖加瓦。

“福建历史文化名人丛书”（第三辑）所包含的董奉、薛令之、游酢、罗从彦、李侗、袁枢、蔡元定、刘克庄、俞大猷、洪承畴10个人物故事，记录了福建文化之于中国历史的影响，同时也以人物史的叙述方式生动地展现出中国人文精神的风骨和传统文化的传承。人物篇以人物生平为线索，在故事中体现传主的学问、事功、道德，凸显他们在中华文明进程中的重要作用，深入挖掘和阐发其内在精神，从而激起读者爱国爱乡的强烈情感，使之成为涵养社会主义核心价值观的重要源泉。

这套丛书以广大群众为读者对象，尤其是各年龄段的学生群体以及受过中等教育的读者，他们对这些历史名人的认知，大多来源于历史课本、乡土教材、文化景点和博物馆，很难形成具体、深入、系统的认识。丛书深入浅出，雅俗共赏，通过一个个生动精彩的故事带领读者走进福建历史，走入人文社会科学的知识殿堂，融故事性、知识性、趣味性、可读性于一体，对提升大众的阅读水平、普及社会科学知识、提高人文社会科学文化素养和思想道德素质有着积极的作用。

福建省社科联党组书记、副主席林蔚芬对编撰出版工作提出明确要求，给予大力支持。省社科联党组成员、副主席缪建萍亲自指导本书的策划和编写工作。省社科联从事社科普及工作的李道兴、杨文飞、林彤、李培鋗等具体组织实施本丛书的编撰出版工作。

专家刘小新老师对丛书写作大纲和书稿进行了认真审读，并提出了许多很好的意见和建议，在此表示感谢！

由于编撰出版时间紧，经验和水平有限，疏漏在所难免，敬请广大读者批评指正。

编委会

2017年8月